DIRK HANNEFORTH

STADT, LAND, FLUSS...

DIRK HANNEFORTH

STADT, LAND, FLUSS...
80 PFIFFIGE SPRACH- UND SCHREIBSPIELE

www.droemer-knaur.de

WIDMUNG

Anita
Birgit
Christine
Daniela
Eddie
Francisco
Gudrun
Hajo
Ingrid
Josef
Klaus
Lothar
Manfred
Nadine

Olaf
Peter
Quax
Reinhold
Siegfried
Tina
Ulli
Vera
Wolfgang
Xaver
Yvonne
Zenzi
und allen anderen Mitspielern

INHALT

Einladung zum Mitspielen 6

Ohne was geht's auch:
Spiele ohne Material 9

Ein Satz mit X: Aus dem Rätselalphabet 34

Mit Bleistift und Papier:
Spielen und Schreiben 47

Jeder ein Edison:
Buchstabenspiele selbst gemacht 77

Mit Mouse und Joystick:
Schreibspiele für Chatrooms 90

Schnippschnapp:
Spiele mit Schere und Zeitung 97

Anhang
Lösungen 101
Buchstabenspiele 106
Kommunikationsspiele 108
Literatur 109
Register 111
Impressum 112

EINLADUNG ZUM MITSPIELEN

Wort- und Buchstabenspiele machen mir immer großen Spaß. Wenn ich im Auto längere Strecken allein fahre, spiele ich mit den Kennzeichen der entgegenkommenden Fahrzeuge. Wartezeiten werden mit Papier und Bleistift erheblich kürzer; in den Ferien nehmen sie keinen Platz im Koffer weg. In der Schule füllt ein Schreibspiel an der Tafel leicht eine Pause, und in unserem Freundeskreis spielen wir gern mit »Boggle« oder »Tabu«.

Buchstabenspiele sind einfach

Die Spiele dieser Sammlung kommen tatsächlich mit den Buchstaben von A bis Z aus. Die Spiele können, müssen aber keine Sieger haben. Aufwändiges Spielmaterial ist nicht nötig. Die Kartons mit Wörterspielen aus dem Kaufhaus enthalten meist nur Luft. Etwas Papier, einige Bleistifte, und wir können anfangen. Eine Spielzeit ist nicht vorgegeben: Buchstabenspiele dauern zwanzig Sekunden oder zwei Stunden und länger. Platz für eine Spielrunde ist überall: am Tisch, im Garten, an der Bushaltestelle oder auch in Auto und Bahn. Das Alter der Mitspieler ist beliebig. Ich habe auf Altersangaben verzichtet. Kinder und Erwachsene machen gleichermaßen mit. Wenn die Jüngeren nicht so schnell sind oder weniger Wörter finden, helfen die anderen.

Buchstabenspiele sind keine Spiele für Kinder oder Erwachsene, sie sind ideale Familienspiele. Im Spiel lernen Kinder so ganz nebenbei Buchstaben und Wörter kennen. Sie trainieren ihre Schreibweise, erweitern ihren Wortschatz und beginnen, mit Sprache kreativ umzugehen.

Einen Teil der ABC-Spiele kennen Sie möglicherweise schon. Leider fallen sie uns immer dann nicht ein, wenn wir sie brauchen. Ich habe sie hier deswegen neu bearbeitet und zusammengefasst. Andere Spiele wurden für diese Sammlung neu entwickelt und ausprobiert.

Je nach Alter der Mitspieler können Sie die Regeln lockern oder erschweren. Bei der Wörtersuche sind immer alle Begriffe erlaubt, die der Spielgruppe gefallen. Wenn es doch Schwierigkeiten geben sollte, begrenzen Sie dies auf Wörter, die auch im Duden stehen. Aber auch Fantasienamen sind eine tolle Sache!

Und wenn Sie sich einmal nicht einigen können, wer eine Spielrunde beginnen darf, schlagen Sie nacheinander diese Sammlung auf. Der letzte Buchstabe auf jeder Seite ist wichtig: Der Buchstabe, der im Alphabet am weitesten hinten steht, bestimmt den ersten Spieler.

Für einige Spiele sollen Buchstaben zufällig ausgewählt werden. Diese Startbuchstaben finden Sie leicht. Ein Spieler sagt laut »A« und dann stumm weiter das Alphabet auf. Ein anderer Spieler ruft nach einer Zeit »Stopp!«, und der erste nennt laut den Buchstaben, an den er gerade gedacht hat.

Wenn Ihnen das zu unsicher sein sollte, können Sie wieder beliebig eine Buchseite aufschlagen und mit dem ersten Buchstaben beginnen, oder sie stechen mit einer Nadel blind in eine Zeitung.

Karin und Reinhold Wittig haben für ihre »Alte und neue Erzählkunst« einen »Buchstabenautomaten« erdacht, den ich hier leicht verändert übernehme:

	1	2	3	4	5	6
1	A	A	B	C	D	D
2	E	E	E	F	G	H
3	H	I	I	J	K	L
4	M	N	N	O	P	Q
5	R	S	S	T	T	U
6	U	V	W	X	Y	Z

Sie würfeln mit zwei Würfeln: Der erste bestimmt die waagerechte Buchstabenreihe, der zweite die senkrechte. Im Schnittpunkt beider Reihen liegt der Buchstabe.

Ich habe die Spiele verschiedenen Kapiteln zugeordnet. Genauso gut kann das eine oder andere Spiel in einen anderen Zusammenhang gestellt werden. Es lohnt sich also, auch in den anderen Kapiteln nachzuschauen, wenn Sie Spiele für bestimmte Anlässe suchen.

Wollen Sie sich genauer über Spiele informieren, finden Sie im Anhang Buchtipps und eine Liste der Spiele, die von Herstellern angeboten werden.

Im Anhang finden Sie auch die Lösungen der Rätsel. Bei den Lösungen sollten Sie aber nicht zu schnell nachschauen und sich so den Ratespaß verderben. Legen Sie das Buch lieber erst zur Seite und versuchen später noch einmal, die Aufgabe zu lösen.

Ich wünsche Ihnen viel Spaß mit den Spielen, bitte Sie aber auch, nicht nur *nach* unseren Regeln zu spielen, sondern auch *mit* den Regeln. ABC-Spiele leben von der Veränderung und bieten dazu zahlreiche Möglichkeiten.

Das Ausprobieren der Spiele hat mir viel Spaß gemacht, das Ausknobeln der Rätsel aber bedeutend mehr. Versuchen Sie so etwas auch einmal selbst.

Bevor ich Sie den Spielen überlasse, möchte ich mich noch bei allen bedanken, die mir bei diesem Buch geholfen haben, bei der Familie und den Freunden, die immer wieder neue Spiele ausprobieren »müssen«, bei Hajo Bücken, Karin und Reinhold Wittig für die Erlaubnis, einige ihrer Spiele hier vorzustellen.

Und nun ans Spiel: **A**uf **b**ald, **c**levere (Wort-) **D**etektive!

Dirk Hanneforth
Bielefeld, im Herbst 2004

OHNE WAS GEHT'S AUCH: SPIELE OHNE MATERIAL

Viele Spiele mit dem Alphabet kommen ohne zusätzliche Hilfsmittel aus: Wir sitzen zusammen, reden und spielen miteinander. Und weil dazu keine zusätzlichen Materialien benötigt werden, finden Sie hier Spielvorschläge für das Auto, für die Bushaltestelle oder das Wartezimmer des Zahnarztes. Beim Spielen tauchen ständig lustige Wortschöpfungen auf. Sie sollten also Papier und Bleistift bereitlegen. Es wäre doch schade, wenn Ihre pfiffigen Lösungen wieder vergessen würden.

ABC-Sätze
ein oder mehr Spieler

Jeder der beliebig vielen Mitspieler baut einen möglichst sinnvollen Satz aus 26 Wörtern, in dem das erste Wort mit A beginnt, das zweite mit B, das dritte mit C usw. Eine besonders schöne Lösung für diese Aufgabe stammt von James Krüss:

Als **B**auer **C**hristoff **D**üwels-**E**ck
fünf **G**ulden **h**atte **i**m **J**ackett,
kam **l**eider **m**it 'ner **o**llen **P**istol
Quintilius **R**äuberrabenstätt,
stahl **T**aler **u**nd **V**erschied'nes **w**eg,
X, Y, Z!
(James Krüss*)

Sicher ist dieser ABC-Satz nicht ganz lupenrein, stehen doch in der letzten Zeile keine Worte. Dafür reimt er sich. So sieht ein kompletter Satz aus:

Als **b**raver **C**hemiker **d**arf **e**in **f**leißig **g**rübelnder **H**olländer **i**n **j**enem **k**urzen, **l**ila **M**antel **n**achts, **o**hne **P**udel, **q**ualifizierten **R**at **s**uchen, **t**rainieren **u**nd **v**öllig **w**issenschaftlich **x**ylophonische **Y**etis **z**ählen.

*) »Ein Papagei in Kopenhagen« aus: Mein Urgroßvater und ich
© 1998 Verlag Friedrich Oetinger, Hamburg

Oder so:

Als **b**öse **C**horknaben, **d**ie **e**ine **F**rage **g**elöst **h**atten, **i**n **j**eder **K**onditorei **L**ollis **m**opsten, **n**ahm **o**hne **P**robe **Q**uizmaster **R**ichard **s**eine **T**rompete **u**nd **v**erschenkte **X**aver **Y**ilmaz' **Z**iehharmonika.
(Ivo Züchner)

Variante
Vereinbaren Sie, dass die Sätze bei einem beliebigen Buchstaben begonnen werden dürfen, oder beginnen Sie in umgekehrter Reihenfolge: Die ersten Worte mit Z, Y und X.

Sie können auch gemeinsam auf die Suche nach ABC-Sätzen gehen. Jeder Mitspieler nennt der Reihe nach ein Wort. Dann müssen Sie gut kombinieren. Ob es klappt? Sammeln Sie die lustigsten Sätze, selbst wenn sie nicht perfekt sind. Später versuchen Sie sich an einem ABC-Liebesbrief, oder Sie schreiben ein ABC-Rezept auf:

Acht **B**eutel **C**ayennepfeffer **d**urch **e**inen **F**ilter **g**ießen, **h**eiß **i**n **j**eweils **k**ussfeste, **l**ockere, **m**undgerechte, **n**ussgroße **O**bststückchen **p**ressen, **q**uirlen, **r**eiben, **s**chaben, **t**ropfenweise **u**nter **v**iel **W**ehgeschrei **x**-mal **Y**akmilch **z**ugeben.
(Heiko R. Lang)

Dann wird es sicher auch ABC-Nachrichten, ABC-Lieder, ABC-Sportberichte usw. geben.

Tipp
Anfänger suchen nicht gleich komplette ABC-Sätze, sondern beginnen mit kürzeren:

Erika **f**indet **g**roße **H**imbeeren **i**mmer.
Jedes **K**ind **l**acht **m**ehrmals **n**achts.
Opa **P**aul **q**uasselt **r**ichtig **s**ein **T**ibetanisch.

Der längste Satz
ein oder mehr Spieler

Suchen Sie in diesem Spiel, gemeinsam oder im Wettstreit, möglichst lange Sätze, deren Wörter mit demselben Buchstaben beginnen; etwa so:

Als **A**dam **a**m **A**nfang **a**usgiebig **a**rbeitete, **a**lberte **A**nna **a**uffallend.

Sie finden sicher noch längere Sätze. Es gibt Wortschlangen mit 80 und mehr Wörtern! Und auch ganz kuriose Wortschöpfungen:

Ein **e**hemaliger **e**nglischer **E**iskunstläufer, **e**r **e**rrang **e**inmal **e**ine **e**inmalige **E**iskunstlaufgoldmedaille, **e**ntdeckte **e**in **e**xotisches, **e**insames, **e**lternloses **E**lefantenbaby.
(Simone Störmer)

Ich habe immer geglaubt, dass es für dieses Spiel ungeeignete Buchstaben gibt, wie z. B. C, J, Q, X oder Y. Meine Meinung änderte sich schnell, als ich diesen Satz las:

Quadratfußgroße, **q**uittegelbe, **q**uergestreifte, **q**uatschnasse **Q**uaddeln **q**uälten **q**uietschenden, **q**uirligen, **q**ualifizierten **Q**uacksalber **q**uasi **q**uartalsweise.
(Heiko R. Lang)

Und es gibt einen C-Satz aus über 30 Wörtern.

Variante
Ein Spieler nennt einen Buchstaben und beginnt mit dem ersten Wort. Jeder nachfolgende Spieler ergänzt sinnvoll den Satz.
Wenn Sie im Wettbewerb spielen möchten, sucht ein Mitspieler einen Buchstaben aus, und alle gehen auf die Wortsuche. Der längste Satz gewinnt. Dann bestimmt der nächste Spieler einen Buchstaben und alle suchen weiter. Versuchen Sie doch mal, ein sinnvolles Telegramm mit

denselben Anfangsbuchstaben zu schreiben. Oder einen Polizeibericht, eine Hotelreservierung, einen Mahnbrief usw.
Wenn Sie reihum spielen möchten, notiert jeder Mitspieler nur ein Wort auf einem Zettel und reicht ihn dann an den Nachbarn weiter.

Anfangsvokale
ein oder mehr Spieler

Gar nicht so schwer ist es, Sätze zu finden, deren fünf Wörter mit den Vokalen beginnen. Zum Beispiel so:

Acht **E**ber **i**nspizieren **o**ffene **U**-Boote.
Unterm **O**berdeck **i**st **e**in **A**nker.

Varianten
Sie müssen diese Sätze nicht auf fünf Wörter beschränken. Beginnen Sie nach dem U wieder mit einem A-Wort. Oder Sie suchen beliebig lange Sätze, deren Worte nur mit Vokalen beginnen. Sicher können Sie so auch Gespräche führen.

> Die estnische Sprache enthält ein Wort mit vier gleichen Vokalen hintereinander. »Jäääärne«, das bedeutet »Rand des Eises«.

Von A bis E
drei oder mehr Spieler

Herr Afeu frug Herrn Befeu:
»Wo bleibt denn bloß Herr Cefeu?«
Da sprach Herr Befeu: »Cefeu?
Der sitzt mit Fräulein Defeu
dort unten hinterm Efeu!«
(Heinz Erhardt)

Wahrscheinlich können Sie dieses Spiel nicht, wie Heinz Erhardt, in Gedichtform fassen. Aber es kann schon lustig sein, ein Wort (hier: E**feu**) einmal durch das ganze Alphabet laufen zu lassen.
In unserem Beispiel geht es also weiter mit Fe**feu**, Ge**feu**, He**feu** ... Die Mitspieler nennen nacheinander ein Wort. Nach Zefeu spielen Sie mit einem neuen Wort
(z. B. Ananas, Eltern) weiter.

Und weil es so schön passt, noch ein Gedicht von A**al** bis W**al**:

Der Fisch heißt Wal.
Er ist nicht schmal,
sonst wär's ein Aal.
(Jürgen Spohn)

Übrigens gibt es für die Reihe von A**ar** bis Z**ar** für (fast) jedes Wort eine gültige Bedeutung. Versuchen Sie einmal, alle herauszufinden, und bauen Sie sie in ein Gespräch oder eine Geschichte ein (vgl. Krüss c, S. 82).

> Das E ist der am häufigsten benutzte Buchstabe der deutschen Sprache (gefolgt von N, I, R und S), sodass Gespräche ohne E nicht leicht sind. Das Buch »Anton Voyls Fortgang« von Georges Perec (350 Seiten, Frankfurt/M. 1986) kommt trotzdem ganz ohne E aus.

Der Kaiser von China
drei oder mehr Spieler

Dieses Spiel eignet sich besonders als Ratespiel.
Der Spielleiter erzählt von den Vorlieben des Kaisers von China:

»Der Kaiser von China mag Tee, aber keinen Kaffee.«
»Er mag Konfitüre, aber keine Marmelade.«
»Er mag Zigaretten, aber keine Zigarren.«

Die Mitspieler nennen weitere Gegenstände und erfahren vom Spielleiter, ob der Kaiser von China sie mag oder nicht. Er antwortet so lange mit »Ja« oder »Nein«, bis alle die Grundregel entdeckt haben, nach der der Kaiser seine Vorlieben aussucht.
Wer die Aufgabe gelöst hat, beantwortet stellvertretend für den Spielleiter die Fragen. Der kann so am besten überprüfen, ob die Lösung gefunden wurde.

Die Erklärung ist einfach: Der Kaiser von China mag nur Dinge, in denen der Buchstabe T auftaucht. Und das hat der Spielleiter ja schon gleich am Anfang gesagt: »Der Kaiser von China mag Tee.«

Unser Onkel Otto
drei oder mehr Spieler

Nicht nur blaublütige Kaiser, auch Bürgerliche wie unser Onkel Otto haben einen besonderen Geschmack.

»Onkel Otto mag Wasser, aber weder Wein noch Bier.«
»Onkel Otto mag den Sommer, aber nichts Warmes.«
»Onkel Otto liebt Forellen, hasst aber jeden Fisch.«

Alles klar? Onkel Otto mag alles mit Doppelbuchstaben und nichts anderes.

Tante Ida mag die Ehe nicht
drei oder mehr Spieler

Wieder so ein Ratespiel, in dem einer die Grundregel weiß und alle anderen raten müssen. Wenn einer den Trick kennt, spielt er mit und gibt Auskunft.
Nun also zu Tante Ida.

»Tante Ida mag die Ehe nicht, aber Braut und Bräutigam.«
»Tante Ida mag keine Erdbeeren, dafür aber Spinat.«
»Tante Ida mag weder Bücher noch Fernsehen, aber sie hört gern Radio und geht noch lieber ins Kino.«

Sicher ist diese Grundregel nicht so leicht zu finden. Es kommt auf den ersten Satz an, den der Spielleiter deswegen auch häufiger mal einschieben sollte: Tante Ida mag die **Ehe** nicht, und damit auch die Buchstaben E und H nicht, die in »Ehe« vorkommen.

Varianten
Diese Ratespiele lassen sich beliebig fortführen. Es könnte die Anzahl der Buchstaben eines Namens darüber entscheiden, ob jemand den Gegenstand mag oder nicht. Ganz schwirig wird es, wenn der letzte Buchstabe einer Frage die Antwort bestimmt. Ist der letzte Buchstabe ein Vokal, heißt die Antwort »Ja«, sonst verneinen Sie die Frage. Dies führt dann zu großen Überraschungen:

»Liebt er seine Frau?« – »Ja.«
»Seine Frau findet er also toll?« – »Nein.«

Die Rategruppe muss schon ganz schön pfiffig sein, bis sie die Grundregel kennt. Wenn es gar nicht klappen will, hilft der Spielleiter weiter.

ABC-Liste
ein oder mehr Spieler

Alle Spieler stellen für sich eine Liste der Gegenstände zusammen, die sie im Raum sehen können und die mit demselben Buchstaben beginnen. Dazu wählt die Gruppe entweder gemeinsam einen Anfangsbuchstaben, oder jeder darf sich einen aussuchen. Nun, wer schafft die längste Liste? Hier ein Beispiel:

Daumen
Dänemark-Poster
Delfin-Foto
Drops
Drehstuhl
Dürrenmatt-Buch
Datteln

Dahlie
Dingsda
Drahthaardackel
usw.

Schwieriger wird das Spiel, wenn Sie unabhängig vom Ort Worte suchen, die zu einem Oberbegriff (Sport, Musik) passen.

Erkläre die Abkürzung!
ein oder mehr Spieler

Abkürzungen gehören heute zur Umgangssprache. Wir wollen sie »neu« erklären:

WDR – **W**ieder **d**ieser **R**undfunk
GmbH – **G**önn **m**ir **b**eide **H**axen
AOK – **A**lles **o**hne **K**rankenschein

Sie können auch Firmen- und Parteinamen verändern. Mit Hilfe von Buchstabenplättchen (s. S. 77ff.) können Sie beliebige Kombinationen zusammenstellen. Dann sammeln alle Mitspieler möglichst viele originelle Erklärungen. Und wenn Sie schon so lange mit Abkürzungen gespielt haben, beenden Sie das Spiel mit einer kleinen, ein wenig hinterlistigen, Quizrunde:

»Was bedeutet WDR?«   »Westdeutscher Rundfunk!«
»Und NDR?«   »Norddeutscher Rundfunk!«
»Und OHR?«   »So schwer ist das gar nicht: Ohr.«

Der Aküfi
ein oder mehr Spieler

Der Abkürzungsfimmel (Aküfi) ist weit verbreitet. Wir sprechen von Mathe, Reli, Uni usw. Spielen Sie doch mit Abkürzungen.

Zunächst sammeln Sie bekannte und unbekannte Abkürzungen, jeder nennt eine und lässt die anderen die Bedeutung erraten. Dann denken sich alle eigene, (noch?) unübliche Abkürzungen aus, z. B.:

Buweime – Buchweizenmehl
Preag – Presseagentur
Kanau – Kaninchenausstellung
Gatasch – Ganztagsschule
Rökato – Röstkartoffeln

Hört sich doch richtig gut an, oder?

Jeder Mitspieler nennt seine neuen Abkürzungen und lässt die anderen die Bedeutung erraten. Sicher gibt es oft mehr als eine Erklärung.

> Der Name einer malaysischen Bank ist in der Kurzform S.K.O.M.K.H.P.K.J.C.D.P.W.B. die längste bekannte Abkürzung. Diese Abkürzung wird wieder abgekürzt: Skom.

Namen erklären
ein oder mehr Spieler

Doch zurück zum Erklären. Lustig ist das mit Namen:

Berlin – **B**undeshauptstadt **e**rsten **R**anges,
           leuchtet **i**mmer **n**achts
Schuh – **Sch**ont **u**nsere **H**ornhaut
Saft   – **S**üße **A**lternative **f**ür **T**rinker
Mode   – **M**änner **o**pfern **d**ie **E**rsparnisse

Variante
Jeder Mitspieler erklärt selbst seinen Namen und stellt sich möglichst passend damit vor. Vielleicht helfen die anderen dabei.

Tina - **T**anzt **i**mmer **n**och **a**usdauernd
Julia - **J**ubelt **u**nd **l**acht **i**m **A**ntiquariat
Ina   - **I**sst **n**atürliche **A**grarprodukte
Karl - **K**ann **a**lle **R**ätsel **l**ösen
Jens - **J**agt **e**wig **n**ach **S**üßigkeiten

Später können Sie sich die oft längeren Nachnamen vornehmen.

Prominente
ein oder mehr Spieler

Es gelingt auch, Prominente mit Hilfe ihrer Initialen vorzustellen:

Alfred **H**itchcock   - **a**nerkannter **H**orrorfilmemacher
Dick und **D**oof   - **d**ösiges **D**uo
Otto **W**aalkes   - **o**stfriesischer **W**itzemacher
Dr. **R**ainer **K**limke - **d**er **r**eitende **K**avalier
Edvard **M**unch   - **e**xpressionistischer **M**aler
Boris **B**ecker   - **b**undesdeutscher **B**alljunge

Sie sollten mit Ihren Lösungsvorschlägen nicht zu streng sein und z. B. auch

Michael **G**roß   - **m**edaillensüchtiger **G**raulschwimmer
Frédéric **C**hopin - **F**rankreichliebender **C**omponist
Bud **S**pencer   - **p**rächtiger **S**chläger

anerkennen.

Familiengründung
ein oder mehr Spieler

Aufgabe ist es, Wortfamilien zu suchen.
Ein Mitspieler gibt ein Stammwort vor, z. B. »Ei«, und alle suchen möglichst viele Wörter, in denen dieses Wort vorkommt. Also etwa:

Eidechse, zw**ei**, **Zei**tmaschine, fl**ei**ßig, M**ei**ster, Am**ei**se, See**i**gel, W**ei**n, Fr**ei**heit, B**ei**leid usw.

Zum Zahlwort »acht« hat Hans Manz gleich ein Gedicht geschrieben:

Achterbahnträume
8
W8soldaten
bew8en
W8eln in Sch8eln
und l8en:
»Auf der W8,
um Mittern8
werden Feuer entf8
Und die W8eln geschl8et,
wir haben lange genug geschm8et.«
»8ung«,
d8en die W8eln,
»wir öffnen mit Sp8eln
die Sch8eln,
denn der Verd8,
dass man uns hinm8,
ist angebr8«,
und entflogen s8,
abends um
8.
(Hans Manz*)

*) »Achterbahnträume« aus: Die Welt der Wörter
© 1991 Beltz & Gelberg in der Verlagsgruppe Beltz,
Weinheim & Basel

Als Stammworte eignen sich auch

Artikel:	Klei**der**ständer, Wohn**diele**, **Das**einsfreude
Zahlwörter:	**Eins**am, **Zwei**ge, **Drei**stigkeit, Kla**vier**
Anreden:	**Du**rchschnitt, **Sie**gerland, **Herr**eise, Markt**frau**
Fürwörter:	**Dich**ter, **Du**den, **Ler**che, aus**sie**ben, **F**e**st**, **Wir**t
Tiere:	Schlar**affen**land, **Ren**tenbeleg, **Flieger**hose, Angst**hase**, **Graupe**lschauer
Pflanzen:	**S**t**ulpe**n, **Prose**minar, Schellen**baum**, **Lilie**nthal
Städte:	A**bonn**ement, Stre**ber**natur, P**resse**notiz, S**chulm**annschaft, **Kostende**batte
Vornamen:	**Puter**, **Judotrainer**, **Fina**nzamt, Folk**lore**, **Lotto**, **Klaus**uren

Was ist ein Spung?
ein oder mehr Spieler

Pippi Langstrumpf hat das Wort »Spung« erfunden und erzählt ihren Freunden begeistert von einem Lebewesen mit dem Namen Spung. Erinnern Sie sich?
Auch Sie sollen jetzt einen Spung finden, allerdings in unserer Sprache. Gesucht werden Wörter, in denen die Buchstaben S P U N G in der vorgegebenen Reihenfolge vorkommen. »Spukungeheuer«, »Hochsprung« oder »Spaziergangsverlängerung« sind solche Worte. Wer nach fünf Minuten die meisten Lösungen auf seiner Liste hat, gewinnt.
Für die nächste Spielrunde suchen Sie vielleicht nach »Hik«, »Kopla« oder »Frinal«. Je mehr Buchstaben Sie vorgeben, desto schwieriger wird die Suche.

Vokalsuche
drei oder mehr Spieler

Jeder Mitspieler nennt ein Wort, in dem der Buchstabe A nur einmal und sonst kein weiterer Vokal vorkommt. Nach der ersten Runde werden Worte mit zwei A gesucht usw. Wie lange können Sie dieses Spiel wohl fortführen?

Hier ein Beispiel:

Kalt – Aal – Ananas – Staatsanwalt – Panamakanal – ...

In der nächsten Serie geht es weiter mit den anderen Vokalen (E, I, O, U), Doppelvokalen (Au, Äu, Ei, Eu, Ie) und Umlauten (Ä, Ö, Ü). Aus Fairnessgründen sollte jeder Mitspieler einmal beginnen dürfen.

Variante
Wenn Sie auch mit den Umlauten fertig sind und immer noch Spaß am Suchen haben, können Sie in einer bestimmten Zeit möglichst viele Worte sammeln, in denen nur ein Vokal vorkommt.

> In Brasilien wird »Uoiauai« gesprochen. Diese Sprache besteht aus sieben Vokalen und nur wenigen Konsonanten.

Vokalreihe
ein oder mehr Spieler

Es macht mir immer viel Spaß, nach Wörtern zu suchen, die jeden der fünf Vokale enthalten. Hier einige Ergebnisse:

Eisauto – Demonstrationszug – Brotaufstriche – Notausstieg – vorausschicken – Marmorierung – Oberlausitz – Baudirektor – Auktionen.

Hier folgen die Vokale einander sogar in alphabetischer Reihenfolge:

Arbeitsmontur – Amerikatour – Magermilchprodukt,

und hier in umgekehrter Anordnung:

Subkontinental – Humoristenart.

Ich will nicht zu viele Beispiele nennen, damit Sie auch noch Freude an der Suche haben. Aber keine Angst, es gibt noch viel mehr Lösungen!

Vokalsätze
ein oder mehr Spieler

Nachdem Sie nach Wörtern mit Vokalen gesucht haben, probieren Sie es mal mit Sätzen, in denen nur ein Vokal vorkommen darf. Je länger, desto besser!

Klar? Aha, dann mal ran.
Elke kennt jeden ebenen Weg.
Diddi will Willis Iltis.
Ottos Sohn Tom wohnt hoch.
Kuh sucht Uhu.

Meine Sätze sind nicht sehr lang, Ihnen gelingt das bestimmt viel besser.

Variante

Jetzt sucht jeder einen Satz, in dessen erstem Wort nur das A vorkommt, im zweiten nur das E usw. Etwa so:

Acht Enten im Ost-Ulk.

Buchstabensuche
drei oder mehr Spieler

Suchen Sie noch einmal nach Worten, die möglichst oft einen bestimmten Buchstaben enthalten.
Dabei ist es gleichgültig, ob es sich um Vokale oder Konsonanten handelt. Etwa so:

A   Panamakanaldampferkapital
B   Blaubeerbuschberieselung
C   Cha-Cha-Cha-Chinesen
D   Doppeldeckerdüsendeckel
E   Erdbeerteetrinker

Es gibt so tolle Wortschöpfungen. Manchmal brauchen Sie allerdings viel Überzeugungskraft, um Ihre Mitspieler von der Gültigkeit eines Wortes zu überzeugen.
Oder wissen Sie, was eine Igelimitationsinselinhaberin ist? Dagegen kennen Sie sich mit Kokosflockenkernkillern, Marmormonumentmumien, Papppapierpostpaketepackern und Gießkannengurgelglockengießern bestimmt bald besser aus.

Worte mit Q, X und Y werden uns kaum einfallen. Oder doch?

> Das längste deutsche Wort ohne Buchstabenwiederholung ist »Heizölrückstoßabdämpfung«.

Es kommt ein Schiff geladen
drei oder mehr Spieler

Sie sitzen in der Runde. Einer fängt an: »Es kommt ein Schiff geladen mit Kies.« Jetzt sagt jeder der Reihe nach, was das Schiff außer Kies noch geladen hat. Jede Ware beginnt mit K. Doppelte Nennungen sind verboten. Alles muss ganz flott laufen. Bei K ist das noch recht einfach: **K**artoffeln, **K**atzen, **K**leiderständer ...
Schwieriger wird es bei C, V oder gar X und Y.
Wenn jeder eine Ware genannt hat, muss der erste Spieler noch eine mit diesem Buchstaben nennen. Dann beginnt der nächste mit einem neuen Buchstaben. Wer kein Wort weiß oder eins doppelt nennt, bekommt einen Minuspunkt oder muss ein Pfand abgeben.

Meine Katze ist kuschelig
drei oder mehr Spieler

Wie im vorigen Spiel muss jeder Mitspieler ein Wort nennen, das mit einem bestimmten Buchstaben beginnt. Diesmal aber geht es um Eigenschaftswörter:
Meine **K**atze ist **k**uschelig, **k**ratzbürstig, **k**erngesund ...
In der nächsten Runde fragen Sie dann nach den Eigenschaften von **H**und, **P**ony oder **W**ellensittich.

Souvenirs, Souvenirs
drei oder mehr Spieler

Urlaubszeit. Sie packen Ihre Koffer aus und stellen den Freunden Ihre Andenken vor.
Das Spiel beginnt: »Ich bringe ein A mit.«
Nun raten die anderen abwechselnd: **A**nker, **A**maretto, **A**lphorn ...?
Erst wenn ein Mitspieler es gefunden hat, darf ein anderer von seinem Mitbringsel berichten.

Das Spiel wird leichter, wenn Sie Fragen zulassen, die der Reisende mit »Ja« oder »Nein« beantwortet: »Warst du im Urlaub auf einer Insel? Ist dein Mitbringsel aus Holz? Habe ich so ein Souvenir schon einmal gesehen?«

Erbsenkönig
drei und mehr Spieler
Material: Erbsen

Jeder Mitspieler erhält fünf Erbsen. Die Mitspieler bewegen sich frei im Raum, wechseln häufig den Gesprächspartner und unterhalten sich. Wichtig ist, dass kein Mitspieler eine Frage mit »Ja« oder »Nein« beantworten darf. Erwischen Sie einen Mitspieler bei einem Fehler, muss er Ihnen eine Erbse zahlen. Wer keine Erbse mehr besitzt, scheidet aus. Der erfolgreichste Spieler wird Erbsenkönig.

Das Spiel wird schwieriger, wenn Sie außer »Ja« und »Nein« auch alle Wörter mit mehreren Silben verbieten. Jetzt wird es echt einsilbig.

Pro & Contra
zwei Gruppen

Die beiden Gruppen streiten sich mit Argumenten um ein Fantasiethema, z. B. »Sind Rosen kinderlieb?«. Jedes Team sagt zwei Sätze, dann wird gewechselt. Jeder Spieler darf aber nur ein Wort des Satzes beisteuern. Los geht's: »Besonders rote Rosen ...«

Weltreise
drei oder mehr Spieler

Sie sitzen wieder im Kreis und zählen, einander abwechselnd, die Stationen Ihrer letzten Weltreise auf.

Ein Spieler beginnt in seiner Heimatstadt. Der zweite nennt den nächsten Ort, dessen erster Buchstabe immer mit dem letzten der vorherigen Station beginnen muss:

Bielefel**d** – **D**etroi**t** – **T**oki**o** – **O**sl**o** – **O**snabrüc**k** – **K**onstantinope**l** usw.

Keine Stadt darf zweimal besucht werden. Sie müssen aufpassen, dass die Mitspieler nicht zu lange überlegen. Wer nach fünf Sekunden keinen Ort nennen kann, scheidet aus.
Später können Sie auch andere Grundbegriffe (Tiere, Personennamen) wählen.
Vielleicht starten Sie Ihre Weltreise auch in zwei Gruppen. Welche Mannschaft besucht in fünf Minuten die meisten Orte? Ein Spieler der Gegenpartei kontrolliert mit einer Strichliste.

Variante
Interessanter und noch ein wenig schwieriger wird es, wenn die Spieler alle vorherigen Stationen der Weltreise wiederholen müssen, bevor sie den neuen Ort hinzufügen dürfen. Der zehnte in der Reihe sagt also neun Städte auf und fügt seine Lösung hinzu.

Wortkette
drei oder mehr Spieler

Auch bei diesem Spiel nennen Sie der Reihe nach Wörter. Diesmal suchen Sie zusammengesetzte Wörter, wie z. B. »Haustür«. Der nächste Spieler muss das zweite Wort des Vorgängers (hier: Tür) aufgreifen und ein anderes Wort hinzufügen.
Nach und nach entsteht eine lange Wortkette: Türschloss – Schlossgespenst – Gespensterhöhle – Höhlenforscher ...
Versuchen Sie gemeinsam, eine möglichst lange Reihe ohne Wiederholungen aufzusagen.

Variante

Schwieriger wird es, wenn Sie zu Beginn des Spiels ein beliebiges Doppelwort als Schlusswort der Wortkette festlegen.

Übrigens klappt das Spiel auch mit Silben: Schu**le** – **Le**der – Der**rick** – Rik**scha** – Schatu**lle** – Lexi**kon** – Kontro**lle** ...

Drei-Wort-Kette
drei oder mehr Spieler

Schwieriger als das Spiel mit den Wortketten ist, bei gleichen Grundregeln, die Drei-Wort-Kette.
Der erste Spieler nennt ein Wort, z. B. »Haus«. Der zweite sucht ein Wort, das mit dem ersten zusammengesetzt werden kann (hier: Haustür), verrät es aber nicht. Er nennt vielmehr ein drittes Wort, das mit dem gedachten ein Doppelwort bildet: Schloss. Die anderen Mitspieler erraten das fehlende Wort.

Hier schon einmal vorab einige Ratebeispiele:

Haus – Tür – Schloss (Haus**tür** – **Tür**schloss)
Brett – ? – Tisch
Garten – ? – Rose
Frosch – ? – Reich
Kalender – ? – Pflanze
Drachen – ? – Bart.

Ganz leicht ist das nicht, aber das muss es ja auch nicht sein. Manchmal gibt es mehrere Lösungen. Unsere Lösungen finden Sie im Anhang auf S. 101.

Heimliche Persönlichkeiten
drei oder mehr Spieler

Ein Mitspieler übernimmt in diesem Fragespiel die Rolle einer bekannten Person, die erraten werden soll. Dabei ist es gleichgültig, ob es sich bei der heimlichen Persönlichkeit um einen Prominenten, eine Comic- oder Märchenfigur oder gar um ein Gruppenmitglied handelt. Wichtig ist nur, dass alle Mitspieler diese Person kennen. Ein Spieler gibt den Anfangsbuchstaben des Nachnamens der gesuchten Person bekannt. Die Rategruppe darf nur indirekte Fragen stellen. Sie beschreiben eine Person und lassen den Mitspieler seinerseits raten, wer diese Person ist und ob sie mit der versteckten Person übereinstimmt. Denkt der Mitspieler z. B. an Hermann Hesse, verrät er nur den Anfangsbuchstaben H. Nun fragen die Gruppenmitglieder:

»Bist du ein bekannter Filmregisseur, der besonders durch seine Thriller auffiel?«
»Nein, ich bin nicht Alfred Hitchcock.«
»Bist du ein ehemaliger Bundespräsident der Bundesrepublik Deutschland?«
»Nein. Ich bin auch nicht Roman Herzog.« (Selbst wenn der Fragesteller hier an Gustav Heinemann oder Theodor Heuss gedacht hat, gilt die Antwort.)
»Du bist sicher ein germanischer Heerführer, der den Römern eine entscheidende Niederlage zufügte.«
»Natürlich bin ich nicht Hermann, der Cherusker.«
»Bist du ein bekannter schwedischer Asienforscher?«

Wenn dem Befragten nun nicht der Name Sven Hedins einfällt, darf die Rategruppe eine direkte Frage stellen, die mit »Ja« oder »Nein« beantwortet werden muss. Dann geht es mit den gewohnten indirekten Fragen weiter, bis die Persönlichkeit gefunden wurde.
Hat der Fragesteller nur gebluftt und kennt selbst keine Antwort auf seine Beschreibung, geht die Fragerei, wie gewohnt, indirekt weiter.

Das Spiel ist besonders für Gruppen geeignet, in der alle Spieler über eine gute Allgemeinbildung verfügen. Die Fragen sollten aber nicht zu spitzfindig gestellt werden, da sonst leicht der Spielfluss stockt.
Allgemeine Fragen »Bist du ein Autor?« lohnen sich auch nicht, da dem Antwortgeber bestimmt mehrere Schriftsteller mit dem Anfangsbuchstaben H einfallen. Allerdings darf er im Spielverlauf keine Person doppelt nennen.

Satzbaustelle
drei oder mehr Spieler

Versuchen Sie doch einmal, einen möglichst langen Satz zu bilden. Dazu benötigen Sie Ideen und ein gutes Erinnerungsvermögen.
Einer beginnt und nennt das erste Wort, z. B. »Gestern ...«. Der nächste wiederholt und ergänzt ein weiteres Wort: »Gestern besuchte ...«. Der dritte fährt vielleicht so fort: »Gestern besuchte Christian ...«.
Na, aus wie vielen Wörtern wird Ihr Satz wohl am Ende bestehen? Je länger er ist, desto erfolgreicher hat die Gruppe an der Satzbaustelle gearbeitet.

Natürlich können Sie auch im Wettbewerb gegeneinander spielen. Dann scheidet der Spieler aus, der den Satz nicht richtig wiederholen kann.

Erzählrunde
drei oder mehr Spieler

Ganz flott müssen Sie in dieser Variante der Satzbaustelle sein. Wieder nennt jeder Spieler nur ein Wort. Sie verzichten aber auf die Wiederholungen. Diesmal bilden Sie auch keine langen Sätze, sondern erzählen eine ganze Geschichte, die vielleicht so beginnt: »Es war einmal ...«.

Reimparade
drei oder mehr Spieler

Ein Mitspieler sucht sich ein Wort aus und nennt laut ein dazu passendes Reimwort.
Die anderen raten so lange, bis sie das Ursprungswort gefunden haben. Da gibt es oft viele Möglichkeiten: Zu »Haus« passen z. B. aus, Saus und Braus, Klaus, Laus, Maus, Nikolaus, raus, Strauß usw.
Lustiger wird es, wenn der Spieler, der das Wort zu kennen glaubt, den Begriff pantomimisch darstellt. Alle anderen können dann mitraten.

Reim dich!
ein oder mehr Spieler

Eine lange Autofahrt mit meinem Freund Karl-Heinz im kalten Wagen wurde nur durch dieses Spiel erträglich. Einer von uns sang die erste Zeile des bekannten Liedes von der Vogelhochzeit. Der andere fügte die zweite Zeile mit einem passenden Reim hinzu.

So wird daraus ein Gruppenspiel. Gemeinsam singen Sie die erste Strophe:

Ein Vogel wollte Hochzeit machen
in dem grünen Walde.
Fidiralala, fidiralala, fidiralalalala!

Und dann geht es los mit dem Reimen:

Das Schwein, das Schwein, (beginnt der erste)
das machte sich ganz fein. (ergänzt der zweite)
Der Hahn, der Hahn,
der kommt gleich vorgefahr'n.
Der Mäuserich, der Mäuserich,
der will die Suppe nur für sich.

Alle zusammen singen immer die »Fidiralalas«. Wenn die Tiergäste der Hochzeit erwähnt sind, können Sie mit Vornamen oder Prominenten weitermachen. Und falls einer keinen Spaß mehr am Reimen findet, beendet er einfach das Spiel und singt:

Der Hahn, der krähte: »Gute Nacht!«
Nun wird die Kammer zugemacht.
Fidiralala, fidiralala, fidiralalalala.

> **Reimspiel**
> Frau von Hagen,
> darf ich wagen,
> Sie zu fragen,
> welchen Kragen
> Sie getragen,
> als Sie lagen
> krank am Magen
> in Kopenhagen?

Schüttelreime
ein oder mehr Spieler

Eine ganz verrückte Angelegenheit sind die Schüttelwörter und -reime: Grundlage ist meist ein Doppelwort. Bei der Wiederholung werden die Anfangsbuchstaben geschüttelt: Aus Doppelwort wird Woppeldort.
Zunächst einmal sollten Sie gemeinsam lustige Schüttelwörter sammeln:

Brettspiel – Spettbriel
Handbuch – Bandhuch
Spiegelhalter – Hiegelspalter

Besonders begabte Schüttelreimer bilden mit den Wörtern Verse. Hierbei können auch die Anfangsbuchstaben von zwei Wörtern vertauscht werden. Die Schüttelwörter stehen dann am Versende:

Beim Zahnarzt in den Wartezimmern,
da hört man häufig Zarte wimmern.

Es klapperten die Klapperschlangen,
bis ihre Klappern schlapper klangen.

Siehst du die beiden Moppel dort?
Wie hässlich wär' ein Doppelmord!

Was frag' ich nach Fürst Metternich,
mein Vetter küsst viel netter mich.

     Du bist
     Buddhist.

Oft hat es laut am Bug geflucht

Ach, hätt' ich doch den Flug gebucht!

Ein Dromedar mit ...
ein oder mehr Spieler

Gesucht werden allein oder im Wettbewerb Zweizeiler, die immer mit »Ein Dromedar mit ...« anfangen. Etwa so:

Ein Dromedar mit Fönfrisur,
ging zum Coiffeure nur.

Ein Dromedar mit dicken Waden,
wollt' nur im Geheimen baden.

Ein Dromedar mit Sinn für Romantik,
macht Urlaub nur am Nordatlantik.

Buchstaben-Scharade
drei oder mehr Spieler

Bei einer Scharade ordnen Sie jedem Buchstaben des Lösungswortes eine Tätigkeit zu, die mit diesem Buchstaben beginnt. Der Reihe nach stellen ein oder zwei Mitspieler die Tätigkeiten der Gruppe vor, die so nach und nach das gesuchte Wort zusammenfügt. Dabei darf aber keiner sprechen. Wenn das verborgene Wort »Spiel« heißt, können Sie es pantomimisch z. B. so darstellen:

S   suchen
P   predigen
I   imitieren
E   essen
L   lesen

Wer zuerst die Lösung rät, denkt sich ein neues Wort aus.

Varianten
Das Spiel wird schwieriger, wenn die Reihenfolge der Spielszenen nicht mit der im Wort übereinstimmt. Wollen Sie einen Satz oder ein Sprichwort erraten, wird jedes Wort einzeln vorgestellt.

EIN SATZ MIT X: AUS DEM RÄTSELALPHABET

Mit Buchstaben und Wörtern gibt es eine Reihe hochkarätiger Rätsel und Denkspiele. Viele Rätselzeitschriften leben davon. Viel interessanter ist es, wenn Sie selbst neue Rätsel ausknobeln. Die Suche nach neuen Lösungen macht mehr Spaß als das einfache Raten. Probieren Sie es doch einfach mal aus.

Interessante Gemeinsamkeiten
ein oder mehr Spieler

Wenn wir uns die Buchstaben genauer ansehen, entdecken wir Gemeinsamkeiten.
Ein Beispiel: A E I O U. Klar, das sind die Vokale.
Ein zweiter Versuch: A B D O P Q R. Auch dies ist nicht so schwer: Die Buchstaben umschließen alle einen Raum.
Hier sind einige weitere Rätsel. Bitte schauen Sie aber erst dann nach der Lösung, wenn Sie ausreichend lange geknobelt haben. Zugegeben, einige Aufgaben sind sehr spitzfindig. Bestimmt fallen Ihnen andere Gemeinsamkeiten ein. Einige Angaben hängen von der Schrift ab, sodass wir manchmal Buchstaben aus einer Reihe streichen oder andere hinzufügen müssen.

(1)   E F H L T X
(2)   H I N O S X Z
(3)   C D G I J L M N O P S U V W Z
(4)   A B C D E H I K M O T U V W X Y
(5)   A E F H L T Z
(6)   F G J L P Q R
(7)   F L M N R S
(8)   B C D G O P Q R S
(9)   L N R

Gemeinsame Bedeutungen
ein oder mehr Spieler

Dieses Rätsel schließt sich nahtlos an das vorherige an. Suchen Sie die Gemeinsamkeiten, die sich hinter der Auswahl der Buchstaben verbergen.
Diesmal sind aber nicht die Buchstaben wichtig, sondern die Namen und Abkürzungen, die sich dahinter verstecken.

(1) C D I L M V X
(2) A D G H J L M P S T V W
(3) A C D E F G H
(4) A O U Y
(5) N O S W
(6) M O R
(7) A I
(8) B C F H J K N O P S U V W Y

Zahlenrätsel
ein oder mehr Spieler

In diesen Aufgaben müssen die Buchstaben durch Zahlen ersetzt werden, sodass gültige Rechenaufgaben entstehen.
Den Aufgabentyp kennen Sie sicher aus Illustrierten, wo Symbole für Zahlen eingesetzt sind. Hier ist es besonders schön, dass die Rechnungen durch sinnvolle Wortkombinationen versteckt werden. Versuchen Sie einmal selbst, solche Rätsel zu erfinden!

	B	U	C	H	
−		A	B	C	
=		O	E	D	

		D	U		
+	I	C	H		
=	W	I	R		

		S	E	N	D
+		M	O	R	E
=	M	O	N	E	Y

		V	A	T	E	R
+	M	U	T	T	E	R
=	E	L	T	E	R	N

		T	E	M	P	O
+		T	E	M	P	O
+		T	E	M	P	O
=	H	E	K	T	I	K

		M	O	O	N
+			M	E	N
+			C	A	N
=	R	E	A	C	H

Wenn Sie Ihren Freunden ein Zahlenrätsel stellen, können Sie die Aufgabe auch in eine Geschichte einkleiden. Dann schickt ein armer Sohn ein Telegramm mit dem Hinweis »Send more money« (engl.: Schick mehr Geld) an seinen Vater, der den gewünschten Betrag erraten muss. Übrigens gibt es bei einigen Rätseln mehr als eine Lösung.

Störenfried
ein oder mehr Spieler

Die Buchstaben in den folgenden Reihen haben eine gemeinsame Eigenschaft. Leider hat sich immer ein Störenfried eingeschmuggelt, den es jetzt zu finden gilt.

In der Reihe

A E I K O U

ist das nicht schwer. Hier stört das K, denn die anderen Buchstaben gehören zu den Vokalen. Alles klar?

Hier die weiteren Aufgaben:

(1)   B C D G J L O P Q R S
(2)   Y T R U P O K I G E
(3)   E J O S T Y
(4)   B C E H I L P S T U
(5)   E Z D V F S I S A N Z
(6)   G H I N O S X Z
(7)   I T F W E
(8)   Y X C V B R N M

Übrigens: Die Störenfriede ergeben zusammen wieder ein Wort.

Ich kenne ein Tier
zwei oder mehr Spieler

Einer fängt an: »Ich kenne ein Tier, das steht immer im Graben.« Wer zuerst weiß, dass er einen Raben (G**rabe**n) sucht, darf die nächste Aufgabe stellen. Hier einige Vorschläge:

Ich kenne ein Tier, das ...
... spielt in jeder Lotterie mit.
... sogar eine kleine Rente erhält.
... gern roten Tischwein trinkt.
... in jedem Tanzsaal dabei ist.
... sich gern in Schmutzecken aufhält.
... für jeden Schmaus zu haben ist.
... selbst mit dem Nikolaus gut auskommt.
... an jeder Litfaßsäule zu sehen ist.
... steile Berganstiege mag.
... in jede Keilerei verwickelt ist.
... ständig auf Giraffen reitet.
... häufig mit Betrunkenen unterwegs ist.
... gerne frische Leber isst.
... besonders gelben Kunststoff liebt.
... wilde Floßfahrten mag.
... in Paraguay wohnt.

Und welche Tiere kennen Sie? Wer keine Tiere mehr verstecken mag, spielt mit Pflanzen oder Vornamen weiter.

Scherzfragen
ein oder mehr Spieler

Scherzfragen gibt es wie Sand am Meer. Ich habe hier einige gesammelt, die mit Buchstaben und Wörtern zu tun haben. Da sie in einem Stadt-Land-Fluss-Spiel-Buch stehen, dürften Ihnen die Antworten leicht fallen.
Wenn Sie die Fragen Ihren Freunden stellen und die Herkunft nicht verraten, gibt es sicher einiges Kopfzerbrechen und hinterher tolle Lacherfolge. Also:

(1) Womit fängt der Tag an und hört die Nacht auf?
(2) Was liegt zwischen Jericho und Jerusalem?
(3) Zwei Architekten wollen ein Haus bauen – womit fängt jeder an?
(4) Wie schreiben Sie trockenes Gras mit drei Buchstaben?
(5) Können Sie auch Wasser mit drei Buchstaben schreiben?
(6) »Dreimal Forelle blau mit Salzkartoffeln«, können Sie das mit drei Buchstaben schreiben?
(7) Was ist bei Tag und Nacht gleich?
(8) Was ist bei einer Mücke groß und bei einem Kamel klein?
(9) Welches Wort schreibt jeder falsch?
(10) Was ist tiefer? Teller – Oder – Tasse?
(11) Was steht in der Mitte von Rom?
(12) Sagen Sie einmal »Postbote« ohne »O«.
(13) Wir suchen ein Wort aus drei Silben und 26 Buchstaben.
(14) Wo kommt die Hochzeit vor der Verlobung?
(15) Was macht uns den Schmerz so unangenehm?
(16) Was steht mitten im Feuer und wird nicht warm?
(17) Was haben Himmel und Hölle gemeinsam?
(18) Welches ist der mittlere Buchstabe im ABC?
(19) Was lässt sich nicht mit Worten ausdrücken?
(20) Nenne fünf aufeinander folgende Tage ohne A.

Wörter gesucht
ein oder mehr Spieler

Unsere Sprache liefert kuriose Wortschöpfungen. Zum Selberraten und Raten hier einige Beispiele, die aber nicht alle ernst genommen werden dürfen. Wir suchen ein Wort oder mehrere, in denen ...

(1) ... kein Vokal vorkommt.
(2) ... möglichst viele Konsonanten hintereinander stehen.
(3) ... dreimal »tz« vorkommt.

(4) ... die Buchstaben »tz« gar viermal auftreten.
(5) ... sich Vokale und Konsonanten ständig abwechseln.
(6) ... möglichst viele Buchstaben vorkommen, die im Wort und im Alphabet direkt hintereinander stehen.
(7) ... Silben oder Wortteile doppelt auftreten.

Wortpaare
ein oder mehr Spieler

Gesucht werden zusammengesetzte Worte, die in beliebiger Reihenfolge einen Sinn ergeben. Hier einige Beispiele:

Lastwagen – Wagenlast, Salatgurke – Gurkensalat, Wasserleitung – Leitungswasser, Badestrand – Strandbad, Kartenspiel – Spielkarten, Blumentopf – Topfblume.

Suchen Sie allein oder gemeinsam weitere Wortpaare – Paarworte.

Guten Tag, Frau ...? Guten Tag, Herr ...?
ein oder mehr Spieler

Gesucht werden weibliche und männliche Vornamen, die in anderen Wörtern stecken. Hier einige Beispiele:

  Klara Pfel Kurt Axe
  Vera Bredung Hans Apark
  Pia No   Ernst Fall

Wortversteck
zwei Spieler
Material: Papier, Stifte

Das Spiel »Superhirn« bzw. »Master Mind« ist sehr bekannt. Ein Spieler versteckt dabei eine Kombination von farbigen Stiften, die der andere erraten muss. Hier spielen wir Superhirn mit Wörtern. Verwenden Sie Buchstaben statt Farben, und Sie haben ein kniffeliges Schreibspiel für zwei Personen.

Ein Spieler notiert verdeckt ein Wort aus vier (später fünf) Buchstaben, das erraten werden soll. Der Mitspieler schreibt ein Suchwort aus vier Buchstaben auf und erhält dafür eine Bewertung.

Der erste Spieler vergleicht das versteckte Wort mit dem Suchwort und notiert für jeden richtigen Buchstaben einen Kreis (○) hinter dem Wort.
Steht der genannte Buchstabe sogar an derselben Stelle wie im versteckten Wort, wird ein Kreuz (X) gesetzt.
Für einen Buchstaben notieren Sie immer nur ein Symbol. Sollte ein Buchstabe doppelt vorkommen, im Suchwort aber nur einmal vertreten sein, gibt es nur eine Bewertung. Die Reihenfolge dieser Zeichen ist beliebig und verrät nicht, für welchen Buchstaben es ein Zeichen gegeben hat. Hier ein Beispiel für eine Wortsuche in sechs Schritten:

BAUM	X	Ein Buchstabe steht richtig.
DACH	X○	Zwei Buchstaben stimmen, davon steht einer am richtigen Ort.
PECH		Die Buchstaben P, E, C und H kommen im gesuchten Wort nicht vor, also stimmen A und D.
ADEN	○○○	Auch N gehört zum gesuchten Wort.
LAND	XXX	L muss falsch sein.
WAND	XXXX	Dies ist das versteckte Wort.

Natürlich können beide Spieler auch gleichzeitig ein Wort verstecken und raten. Es gewinnt der Spieler, der den Code in weniger Versuchen knacken kann.

Wörter versenken

zwei Spieler
Material: Papier und Stifte

Zugegeben, dies ist ein eigenartiger Name für ein Spiel, aber er hat Sie vielleicht auch gleich an das Spiel »Schiffe versenken« erinnert. Wenn Sie so wollen, ist »Wörter versenken« ein »Schiffe versenken« mit Buchstaben.
Die beiden Spieler tragen in ein Raster aus 6 x 6 Feldern sechs Wörter ein: Ein Wort mit sechs Buchstaben, zwei Wörter mit fünf Buchstaben und drei Wörter mit je vier Buchstaben. Die Wörter dürfen in Kreuzwortmanier senkrecht und waagerecht geschrieben werden. Es müssen aber nicht alle Verbindungen gültige Wörter ergeben.
Über die senkrechten Reihen schreiben Sie die Buchstaben von A bis F, vor die waagerechten Reihen die Ziffern von 1 bis 6. Dies sieht dann etwa so aus.

	A	B	C	D	E	F
1	D	A	M	E		
2		B	I	N	G	O
3		S	K	A	T	
4		H	A	L	M	A
5			D			
6		T	O	T	O	

Nun zeichnet jeder ein zweites, gleich großes Raster, in das er die Ergebnisse seines Mitspielers einträgt.
Der Startspieler nennt einen Buchstaben. Sein Mitspieler gibt ihm alle Felder mit Koordinaten an, in denen der Buchstaben steht. Bei einem »M« muss er also in unserem Beispiel die Felder »1C« und »4E« angeben. Dann ist der Mitspieler dran und nennt einen Buchstaben.
Wer glaubt, ein ganzes Wort seines Mitspielers zu kennen, darf – statt nach einem Buchstaben zu fragen – das Wort mit den richtigen Koordinaten nennen. Stimmt das Wort, darf er noch einmal raten, stimmt nur ein Buchstabe nicht, ist der andere Spieler an der Reihe. Wer zuerst alle Wörter des Mitspielers genannt hat, gewinnt.

Suchworte

ein oder mehr Spieler
Material: Stifte

In diesem Suchspiel (s. unten) sind die Namen von 40 europäischen und amerikanischen Hauptstädten versteckt. Die Worte können waagerecht, senkrecht und diagonal gelesen werden. Manche Namen sind auch rückwärts geschrieben.
Sie können die gefundenen Wörter im Buch umkreisen oder, damit die ganze Familie oder Gruppe mitraten kann, auf ein Blatt übertragen und dann gemeinsam suchen.
Es ist gar nicht schwer, selbst ein Suchworte-Rätsel zusammenzustellen. Zunächst sammeln Sie in einer Liste möglichst viele Wörter, die zu einem festgelegten Oberbegriff (Namen, Tiere, Länder usw.) gehören. Dann zeichnen Sie auf Karopapier das Grundraster (hier: 20 x 20 Felder) und tragen kreuz und quer Ihre Begriffe ein. Zum Schluss füllen Sie die Lücken wahllos mit Buchstaben aus. Fertig.

```
O S L O U Z W V G V O N I L B U D T U R
K A R L O I A A B A T O G O B S U L O E
L E S S E U R B U L V G O M H E V M T Y
P O L N U R S T S E R A K U B C H E T K
A C K T O C C I L T U R N B U R A X A J
N I O D Y T H U S T B U B O N N O I W A
A T N W D R A D R A N P U L B X E C A V
M A H A U S U A K S O M D U Z A B O N I
A B C D E F G Z U D A V A O S T S E A K
H E L S I N K I O D V R P I K Y O S R I
A L O T I U Q U R I E S E M O G H U I N
L G H A J O S E E B M U S U P X E K T L
U R S U S V T I S L S O T B E R L I N V
X A U M U S V H O T N J O D N H E I K O
E D I T M A T H J S E S U Z H L O M E R
M O N A C O K O N U H S I R A P U A M A
B O O T U C H U A S T B U N G I L D A S
U H R A O N U S S I A O L I E S P R A G
R U S T S B R A S I L I A N N A M I L O
G U S T I N L O N D O N V I E R F D H A
```

Wenn jeder ein Rätsel mit gleich vielen Wörtern austüftelt, können Sie einen Suchworte-Wettbewerb durchführen. Es gewinnt der Spieler, der zuerst alle Namen im Rätsel seines Mitspielers gefunden hat.
Sie können auch zu mehreren gemeinsam ein Suchworte-Rätsel lösen. Dann erhält jeder einen andersfarbigen Filzstift, mit dem er seine gefundenen Begriffe einkreist.

Im Hebräischen wird von rechts nach links geschrieben und auf Vokale verzichtet. Dies macht die Übersetzung des Alten Testamentes recht schwierig.

KLNRMNNWSNN
drei oder mehr Spieler
Material: Papier, Stifte

Verstanden? Ich habe als Überschrift zu diesem Spiel eine Redensart gewählt und darin die Vokale weggelassen. Nun geht es ans Raten.
Beim Spiel zu Hause notiert jeder ein Sprichwort oder einen Liedanfang ohne Vokale und reicht ihn zur Lösung an den Nachbarn weiter. Hier fünf Sprichwörter zum Üben vorab:

(1)   WRSGTMßCHBSGN
(2)   WSLNGWHRTWRDNDLCHGT
(3)   NBLNDSHHNFNDTCHNMLNKRN
(4)   SSTNCHTLLSGLDWSGLNZT
(5)   NDGTLLSGT.

Leichter wird das Spiel, wenn Sie für jeden ausgelassenen Vokal einen Punkt einsetzen und auch die Satzzeichen nicht vergessen. Dann heißt unsere Titelzeile:

KL..N.R M.NN, W.S N.N?

44

Aber das ist vielleicht schon zu einfach.
Schwieriger wird es, wenn der gesuchte Satz ohne Punkte und Satzzeichen rückwärts aufgeschrieben wird. Das müssen Sie aber vorher vereinbaren.
Also, dann: Kleiner Mann, was nun?

Logische Reihe
ein oder mehr Spieler

Die Tiernamen in der ersten Reihe sind durch eine Regel verbunden. Eines der fünf Wörter, das darunter steht, setzt diese Reihe richtig fort. Welches Wort ist es?

(1) Affe – Bussard – Chamäleon – Dorsch –?
 Forelle, Zaunkönig, Eisbär, Mistkäfer, Krokodil

(2) Eber – Einsiedlerkrebs – Eichhörnchen – Eule –?
 Hecht, Eistaucher, Holzwurm, Kreuzotter, Nachtfalter

(3) Aal – Biber – Kuckuck – Dromedar – Ente –?
 Amsel, Spatz, Kaninchen, Giraffe, Koalabär

(4) Blauwal – Lama – Ameise – Esel – Leopard –?
 Eichelhäher, Qualle, Dogge, Seepferdchen, Drossel

(5) Papagei – Ziege – Iltis – Ochsenfrosch –?
 Kamel, Uhu, Elefant, Hummel, Zebra

(6) Hund – Biene – Wolf – Zeisig – Reh –?
 Elster, Pudel, Hirsch, Hai, Wespe

(7) Elch – Delphin – Elefant – Tiger –?
 Motte, Maus, Dachs, Habicht, Fasan

Alles richtig herausgefunden? Noch mehr Spaß macht es, sich so eine Reihe selbst zusammenzustellen. Also, nicht nur Raten, auch Rätselerfinden ist angesagt.

Mit fünf Buchstaben

ein oder mehr Spieler
Material: Papier, Stifte

Wer kann den Namen der kanadischen Hafenstadt Toronto mit fünf Buchstaben schreiben?

Und die holländische Hauptstadt mit sieben Buchstaben?

MIT BLEISTIFT UND PAPIER: SPIELEN UND SCHREIBEN

Traditionelle Hilfsmittel für fast alle Buchstabenspiele sind Papier und Bleistift. So können Sie Ihre Wortschöpfungen festhalten und weitererzählen. Außerdem finden Sie hier Spiele, die man auf dem Papier spielt: Kreuzwortknobeleien, Rate- und Reimspiele. Dabei ist es gar nicht wichtig, ob Sie allein oder in der großen Gruppe spielen: Buchstabenspiele gibt es für jede Gruppe und für jedes Alter.

Da Sie für Schreibspiele immer Stifte und Papier benötigen, haben wir das in diesem Kapitel nicht zusätzlich erwähnt.

Stadt, Land, Fluss ...
zwei oder mehr Spieler

Dies ist nun ein überall bekanntes Spiel. Gerade deswegen sollten Sie sich Variationen dazu überlegen.

Zur Erinnerung aber noch einmal kurz die Regeln: Jeder Spieler teilt sein Blatt Papier in mehrere Spalten auf, die die Überschriften »Stadt, Land, Fluss ...« erhalten. Ein Buchstabe wird bestimmt, und alle suchen zu jeder Spalte Begriffe, die mit diesem Buchstaben beginnen, also etwa (bei K) »Kassel, Kolumbien und Kocher«.

Nur die schwierigen Buchstaben (Q, X, Y) sollten Sie übergehen und einen neuen auslosen. Wenn ein Spieler alle Wörter gefunden hat, ruft er: »Stopp!«, und jeder hört auf zu schreiben. Bei der Auswertung gibt es für jede Lösung zehn Punkte. Haben mehrere Spieler dasselbe Wort, erhalten sie dafür jeweils nur fünf Punkte. Wenn ein Spieler als Einziger eine Lösung gefunden hat, bekommt er dafür zwanzig Punkte gutgeschrieben.

Eigentlich ist es schade, dass in den Spielrunden immer die gleichen Oberbegriffe auftauchen. Deswegen hier einige weitere Vorschläge: Getränk – Politiker – Insel – Möbel – Musiker – Sportler – Beruf – Pflanze/Baum – Speise – Kleidungsstück – Schlagerstar – Haushaltsgegenstand – Spiel.

Kleineren Kindern machen einfachere Begriffe mehr Spaß: Märchenfigur – Vorname – Tier – Spielzeug usw.

Wenn Sie sich vor Spielbeginn auf einen Vornamen oder ein Wort einigen, können Sie die Begriffe gleich für mehr Buchstaben erraten. Hier unser Beispiel mit dem Namen Hajo:

	Stadt	Land	Fluss	Speise	Spiel
H	Hamburg	Honduras	Havel	Honig	Halma
A	Aachen	Albanien	Ahr	Aal	Angelspiel
J	Jena	Japan	Jordan	Jam	Jakkolo
O	Oslo	Oman	Oder	Obst	Origami

Stadt, Land, Fluss – mal anders
zwei oder mehr Spieler

Diese Variante nimmt das Wort »mal« im Titel ganz wörtlich: Die erratenen Begriffe sollen nicht aufgeschrieben, sondern gemalt werden.
Dazu brauchen Sie viel Platz. Vorher auch gut überlegen, welche Oberbegriffe Sie aussuchen. Tier – Speise – Beruf – Kleidungsstück – okay, aber wie zeichnen Sie Namen oder berühmte Personen?

Zum Begriff »Stadt« oder »Land« können Sie etwas Typisches zeichnen. Jeder, der den Eiffelturm sieht, weiß, dass hier »Paris« oder »Frankreich« gemeint sein muss.

Wortlänge
zwei oder mehr Spieler

Noch einmal nutzen wir das Schema für eine neue Variante. Diesmal ist nicht der Anfangsbuchstabe, sondern die Wortlänge vorgegeben.
Die Zahlen in der oberen Reihe geben die Anzahl der Buchstaben für jedes gesuchte Wort an. Gesucht werden möglichst viele Wörter zu dem vereinbarten Oberbegriff. Auch hierzu ein Beispiel:

	Vier	Fünf	Sechs	Sieben
Tier	Maus	Luchs	Dackel	Elefant
	Hund	Gämse	Gibbon	Hamster
Sport	Kanu	Boxen	Surfen	Fischen
	Judo	Gehen	Karate	Wandern
Musiker	Orff	Verdi	Dvorak	Puccini
	Bach	Bizet	Mozart	Strauss

Auch bei diesem Spiel gilt die Punktwertung. Für jeden Buchstaben eines Wortes gibt es einen Punkt, da es schwieriger ist, längere Wörter zu finden. Haben zwei Mitspieler dasselbe Wort gefunden, erhält jeder nur die halbe Punktzahl gutgeschrieben.

> Das Alphabet erhielt seinen Namen von den beiden griechischen Buchstaben Alpha und Beta. Alpha ist hebräisch und bedeutet: Ochse; Beta bedeutet: Haus. Das früheste Alphabet findet sich zwischen 1700 und 1500 v. Chr. auf der Halbinsel Sinai.
>
> Heute sind 65 Alphabete in Gebrauch, die zwischen elf (Rotokas) und 72 (Kambodschanisch) Buchstaben verwenden. Die Schriftzeichen und Alphabete aller Zeiten und aller Völker können Sie im »Buch der Schrift« von Carl Faulmann (1880, Reprint 1995) bewundern. Unsere heutige Buchstabenfolge stammt von den Phöniziern.

Stadt, Land, Fluss – total
zwei oder mehr Spieler

Und jetzt wollen wir es auf die Spitze treiben: Stadt, Land, Fluss – total.
Diesmal sind Anfangsbuchstaben und Wortlänge vorgegeben. Das kann zum Oberbegriff »Botanik« so aussehen:

	Vier	Fünf	Sechs	Sieben
A	Anis	Apfel	Ananas	Avocado
B	Bete	Birne	Bambus	Begonie
C		Curry	Clivia	Cytisus

Zugegeben, einfach ist das nicht. Ich habe unsere Beispiele auch nur mit Hilfe eines Lexikons gefunden. Wer es versucht, sollte die Oberbegriffe möglichst weit fassen, also »Musik« und nicht »Operettenkomponisten«.

Assoziationen
drei oder mehr Spieler

Ein Spieler nennt einen Oberbegriff, z. B. »Schweiz«. Alle anderen notieren nun zehn Begriffe, die ihnen zu diesem Stichwort einfallen, vielleicht so: Wilhelm Tell, Käse, Alpen, Matterhorn usw.
Dann wird gewertet. Der erste Spieler liest der Reihe nach seine Worte vor. Für jede Übereinstimmung gibt es Punkte. Haben also noch drei Mitspieler das Matterhorn auf ihrem Zettel stehen, darf sich jeder vier Punkte (=Anzahl der Spieler) gutschreiben. So werden alle Stichworte überprüft. Wenn ein Spieler keinen Partner findet, bekommt er natürlich auch keine Punkte.
Es werden so viele Oberbegriffe vorgegeben, wie es Mitspieler gibt. Es gewinnt der Spieler mit der höchsten Gesamtpunktzahl.

ABC-Lexikon
zwei oder mehr Spieler

Wir setzen Buchstaben oft als Namen oder Abkürzungen ein. In meinem Lexikon gibt es allein zwölf Bedeutungen für G, von denen nur die wenigsten bekannt sind:

1. Kfz-Zeichen für Gera (Thüringen) und Guatemala
2. G = Geld (auf Kurszetteln)
3. G-Schlüssel (Musik)
4. Abkürzung für Gauß (Physik)
5. Formelzeichen für Gewicht (Physik)
6. Zeichen für Münzort Karlsruhe auf Münzen
7. Abkürzung für Gourde (Währungseinheit auf Haiti)
8. Abkürzung für Giga (Maß- und Gewichtsbezeichnung: 109)
9. Name einer Notenstufe in der Musik
10. Symbol für Fallbeschleunigung (Physik)
11. Abkürzung für Gramm
12. Zeichen für Gon (hundertster Teil des rechten Winkels)

Stellen Sie, zunächst ohne Nachschlagewerk, Ihr eigenes ABC-Lexikon zusammen. Dabei soll es nicht so sehr auf richtige Lösungen ankommen. Gesucht sind vielmehr lustige Einfälle:

G: Aufforderung (Geh!)
G: Kennbuchstabe unseres Klassenzimmers
G: Abkürzung für Gartenarbeit in Mutters Hausarbeitsplan

Jeder Mitspieler erhält ein oder zwei Buchstaben und sammelt seine Vorschläge in einer Liste. Die anderen dürfen helfen.
Sie können auch ein Lexikon zu Rate ziehen und Ihre erfundenen Erklärungen mit den echten Abkürzungen mischen. Ob die anderen alle »Fehler« entdecken? Sammeln Sie Ihre Ergebnisse und stellen Sie so ein eigenes ABC-Lexikon zusammen.

> Ein besonderes ABC-Rätsel lässt Agatha Christie ihren Detektiv Hercule Poirot in dem Kriminalroman »Die Morde des Herrn ABC« (Bern und München 1997) lösen. Der Mörder hinterläst immer einen ABC-Fahrplan am Tatort, und der Hauptverdächtige heißt Alexander Bonaparte Cust.

Langeweile
ein oder mehr Spieler

Langeweile sollte es mit diesen Sprachspielen eigentlich gar nicht mehr geben. Also spielen wir doch einmal mit dem Wort »Langeweile«. Alle Mitspieler versuchen, aus den Buchstaben unserer Überschrift möglichst viele Wörter zu bilden, z. B.:

lang, an, Lee, Eile, Alge, Leine, Wange, Engel, Igel, Neige, Wien, nie, Liege, wen, wie, Ei, ein, eine …

Nicht alle Buchstaben des Ausgangswortes müssen verwendet werden, aber hinzufügen dürfen Sie keinen. Wer innerhalb einer vorher festgesetzten Zeit die meisten Wörter gefunden hat, gewinnt und darf das nächste Suchwort bestimmen. Damit es keinen Streit gibt, sollten Sie alle Wörter erlauben, die im Duden stehen. Sie können sich aber auch auf Hauptworte beschränken.

Es gibt übrigens viel mehr Lösungen, als ich zunächst glaubte. Ein Kollege hat aus den Buchstaben des Wortes »Kartoffelsuppe« schon über 630 Wörter gebildet.
Wer nicht gleich zum nächsten Wort übergehen möchte, kann versuchen, aus den gefundenen Wörtern einen Satz zu bilden. Bei unserem Wort »Langeweile« heißt es dann:

Lege Igel an eine Leine, Inge!
Eine Wange wie ein Engel!

Wie wohl solche Sätze bei »Kartoffelsuppe« lauten?

Variante

Etwas leichter wird die Wortsuche, wenn Sie die Buchstabenfolge im Ausgangswort nicht verändern dürfen. Dann gibt es weniger Möglichkeiten. In unserem Beispiel sind es nur noch acht: lang, lange, an, weil, Weile, Ei, eil, Eile.

Mach mal mit, mal mal mit
drei oder mehr Spieler

Jeder Mitspieler zeichnet einen Buchstaben. Durch Zusätze soll daraus ein Bild entstehen, das den Buchstaben gut versteckt. Die anderen Zeichner raten den Buchstaben. Hier mein Vorschlag:

Nun, haben Sie das versteckte M entdeckt? Geübte Zeichner können aus Buchstaben durch Veränderungen Gegenstände, Tiere oder Personen entstehen lassen. Der Cartoonist Detlef Kersten hat es vorgemacht. Da wird aus dem Buchstaben M eine Maus. Er hat diese Veränderung sogar mit einem Zweizeiler erklärt:

Auf Käse ist die Maus versessen,
den könnte sie tagtäglich fressen.
(Detlef Kersten)

Ob Sie das auch so gut schaffen? Ich meine natürlich das Zeichnen, nicht das Käseessen.

Dazu noch ein Tipp:

Nimm ein U und dazu
links und rechts ein Vau
und ein kleines Ypsilon
und wie Pünktchen. Schau!
Gib gelockte Wolle dran.
Schon schaut dich ein Schäfchen an.
(Ann Davidow*)

*) aus: Wir zeichnen Tiere
© 2001 Boje Verlag, Stuttgart

Alphabet-Bilder
ein oder mehr Spieler

Jetzt zeichnen Sie Wörter mit ganz neuen Buchstabenformen: »Kaese« wird mit Buchstaben gebildet, die wie Käsestücke aussehen. Spielende Kinder bilden ein Wort, und Katzenfiguren schreiben »Kater«. Denken Sie sich neue Alphabet-Bilder aus und schreiben Sie damit Wörter und Sätze.

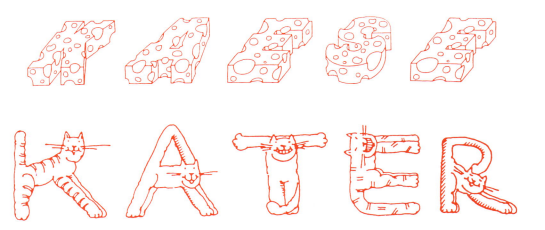

Ich habe schon Buchstaben aus Rohren, Tieren, Bauelementen, Handwerkszeug, Bären, Hausgrundrissen, Häusern und Bäumen gefunden (vgl. Massin, s. S. 110). Was denken Sie sich aus?

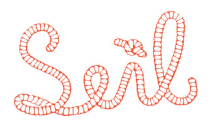

Tastaturbilder

ein oder mehr Spieler

Auch mit der Tastatur unseres Computers lassen sich Bilder malen.

So sehen die Satzzeichenbilder aus, die in der SMS oder im Chatroom auftauchen:

:-)   Freude (Smiley)
;-)   Freundliches Zwinkern
:-(Ich bin schlechter Laune

Sicher kennen Sie viele weitere Bilder. So können Sie z. B. auch Menschen und Tiere abbilden. Hier ein besonders schönes Beispiel von Martin Gardner:

nnnnnnhnn   l

(Schüler in der dritten Reihe, der die Hand hebt, um dem Lehrer eine Frage zu stellen. *Martin Gardner, S. 25*)

Andere haben Texte in Form von Bildern geschrieben und Autoren ihre Gedichte.

Die Trichter

Zwei Trichter wandeln durch die Nacht.
Durch ihres Rumpfs verengten Schacht
fließt weißes Mondlicht
still und heiter
auf ihren
Waldweg
u. s.
w.

(*Christian Morgenstern: Galgenlieder. Piper Jubiläumsausgabe, Band I, S. 25*)

ABC-Erzählungen
ein oder mehr Spieler

Die Buchstaben von A bis Z werden untereinander aufgelistet. Diesmal ist eine ABC-Erzählung zu schreiben, deren 26 Sätze alphabetisch geordnet sind. Zunächst müssen Sie sich auf ein Thema einigen. Hier ein Beispiel zum Thema »Schule«:

Am Morgen stand ich recht spät auf.
Beinahe hätte ich den Bus verpasst.
Christian stand jedenfalls schon an der Haltestelle.
Da war der Bus auch schon abfahrbereit.
Erst jetzt wurde mir klar, dass ich meine Hausaufgaben vergessen hatte.
Flink schrieb ich sie bei Christian ab. usw.

Wenn Sie nicht so viel Spaß am Schreiben haben, können Sie reihum erzählen. Jeder nennt einen Satz. Wenn einer nicht weiterweiß, helfen alle mit. Schwierige Buchstaben können Sie auslassen und, wenn Sie wollen, nach dem Satz mit Z wieder mit A anfangen. Ob es Ihnen auch gelingt, die ABC-Erzählung in Reimen aufzuschreiben? Hier ein gelungenes Beispiel:

Das Sommer-ABC

A	lle Amseln singen Lieder,
B	lau und rot verblüht der Flieder,
C	horgesang übt Spatz mit Spatz.
D	reiste Drosseln jagt die Katz.
E	ntchen wedeln durch die Teiche,
F	arne rascheln, eine Schleiche
G	leitet glänzend glatt durchs Kraut,
H	asen schreckt ein Hundelaut.
I	gel kriegen Ungeziefer,
J	agdgehilfe Hubert Kiefer
K	kommt mit seinem Jagdgewehr
L	eise durch den Wald daher.
M	arder schleichen, Meisen picken

N	ach den dünnen oder dicken
O	hrenkäfern, die es gibt.
P	fauen spreizen sich verliebt.
Q	uellen sprudeln quicklebendig,
R	ehe rasen, rasch und wendig,
S	elig durch das Haferfeld,
T	auben fliegen in die Welt.
U	nke platscht mit ungeheuer
V	iel Vergnügen in den Weiher.
W	icke läutet fein wie ein
X	ylophon den Sommer ein.
Y	achten gleiten, fern und weit.
Z	eit der Sonne: Sommerzeit!

(James Krüss*)

Ober! – Esel!
ein oder mehr Spieler

Wie wird der Ober zum Esel?
In dem Wort »Ober« wird immer ein Buchstabe gegen einen anderen vertauscht. Hier die Wortkette:

OBER
EBER
EDER
EDEL
ESEL

Wenn eine Gruppe sich auf die Wortsuche begibt, einigen sich die Spieler auf ein Anfangswort und notieren die Wortreihe untereinander. Wer die meisten Wörter findet, gewinnt. Wichtig ist dabei, dass immer nur ein Buchstabe verändert wird und jede Zwischenstufe ein sinnvolles Wort ergibt. Die Wörter sollten aus vier oder fünf Buchstaben bestehen.
Mit diesen Wörtern können Sie gut beginnen: Biene, Bett, Nadel, Muster, Miete, Tante.

*) aus: Der Leuchtturm auf den Hummerklippen
© 1999 Carlsen Verlag GmbH, Hamburg

Variante

Schwieriger ist dieses Spiel, wenn Sie gleich das Endwort festlegen. Dann gewinnt der Spieler, der mit möglichst wenig Zwischenschritten auskommt. Probieren Sie es einmal mit diesen Wörtern aus:

GELD – BANK
ZOFE – KUSS
MANN – WEIB
WARM – KALT
BIRKE – TANTE

Natürlich geht das auch mit den Vornamen. So kommt DIRK endlich zu seinem BUCH.

Wortverdrehungen reihum
drei oder mehr Spieler

Unser Spiel »Ober – Esel« ist für Gruppen interessanter, wenn jeder Spieler ein Wort auf einen Zettel schreibt und dann an den Nachbarn weitergibt, der es verändert und ebenfalls weiterreicht. Wortwiederholungen sind verboten. Wenn kein Mitspieler mehr Wörter findet, können Sie den Gewinner zum Oberesel ernennen.

ABC-Worte
ein oder mehr Spieler

Jeder Mitspieler stellt aus den 26 Buchstaben unseres Alphabets Worte zusammen. Dabei sollen möglichst alle (viele) Buchstaben verwendet, aber keiner doppelt eingesetzt werden. Hier unser erster Versuch:

Bund, Fisch, Lot, Pam, Zwerg

nicht benutzt:

JKQVXY.
Wer kann es besser und setzt mehr Buchstaben ein? Ich habe schon eine Lösung mit 24 Buchstaben gefunden.

Variante
Schwieriger ist es, wenn nach diesen Regeln ein möglichst langes Wort oder ein kompletter Satz gesucht wird. Meine Vorschläge: Bergwaldfinkschmutz (19), Zwerg sucht Kind am Ob (18). Aber da gibt es sicher bessere Lösungen. Grübeln Sie doch mal.

Palindrome
ein oder mehr Spieler

Wörter oder Sätze, die vor- und rückwärts lesbar sind, heißen Palindrome. Echte Palindrome oder Kugelwörter behalten auch beim Rückwärtslesen ihren Sinn. Sie können als Gruppe gemeinsam Palindrome suchen, Sätze bilden und Geschichten dazu erfinden. Hier einige Wortbeispiele:

Echte Palindrome
Retter – Kajak – Reittier – Elle – tot – Bob – Marktkram – Reitstier – Uhu – Madam – Gnudung – Trabart – Ebbe – Lagerregal – Gag – Radar – Rentner.

Unechte Palindrome
Esel – Leo – Nie – Eis – Sieg – Regen – Leben – Bart – Leda – Edam – Bier – Regal – Gras – Mais – Mark – Leis – Eid – Rettig – Not.

Es gibt noch eine Vielzahl weiterer Wörter, auch in anderen Sprachen (englisch: dog, level; deutsch-englisch: law, red, run). Machen Sie sich gemeinsam auf die Suche!

Auch ein Palindrom-Kreuzworträtsel mit 340 Doppel-Begriffen in 972 Kästchen gibt es. Ausgeknobelt hat es der Schweizer Jakob Rutz-Stieger.

Palindrom-Sätze
ein oder mehr Spieler

Sie können auch vollständige Sätze finden, die vor- und rückwärts lesbar sind. Zunächst wieder die echten Sätze:

Sei fies.
Tu erfreut.
Ein Esel lese nie!
Reit amal a Lamatier.
Die liebe Tote! Beileid!
Neuer Dienst mag Amtsneid reuen.
Eine treue Familie bei Lima feuerte nie.
Nie fragt sie: »Ist gefegt?« Sie ist gar fein.

Und hier ein unechter Palindrom-Satz:
Schlaf ein, Esel.

Mehr Spaß machen die Sätze, in denen Vornamen eine Rolle spielen. So bekam ich von Freunden zu unserem Polterabend als Ermahnung ein großes Plakat mit den Worten »Nur du, Gudrun!« geschenkt. Gut so. Zu meinem Vornamen ist mir leider noch nichts eingefallen, aber für einige Freunde gibt es Lösungen:

E-Dur, Trude!
Elly biss Sibylle.
Bei Liese sei lieb.
Tunk nie Anna ein, Knut.
Renate bittet Tibetaner.
Ella rüffelte Detlef für alle.

Wie sieht es mit Ihrem Vornamen aus? Fällt Ihnen gemeinsam ein Palindrom-Satz ein?

Das längste deutsche Palindrom »Reliefpfeiler« soll von Arthur Schopenhauer stammen. Ihm wird auch der längste Palindrom-Satz zugeschrieben: »Ein Neger mit Gazelle zagt im Regen nie.« Zu seiner Zeit war dieser Satz noch political correct.

Anagramme
ein oder mehr Spieler

Bei diesem Wortspiel werden die Buchstaben einzelner Wörter durcheinander gewirbelt und neu geordnet. So wird z. B. aus Ilsep ein Spiel, aus Simku wieder Musik und aus Azone der Ozean.

Mir gefallen aber besser die Anagramme, die umgestellt wieder Wörter ergeben, wie z. B. Alpen = Nepal, Ampel = Lampe = Palme oder Betrug = Erbgut = Geburt.

Jeder bildet leicht Anagramme selbst und lässt dann die Mitspieler, nicht zu schadenfroh!, knobeln. Vielleicht fangen Sie mit den folgenden Aufgaben an.

Anagramm-Rätsel
ein oder mehr Spieler

(1) Welche politische Partei setzte sich besonders für die **Mondrakete** ein?
(2) Welches Nahrungsmittel steht im **Atlas**?
(3) Welches Gift steckt im **Rasen**?
(4) Der Onkel aus Süddeutschland ist gestorben. Was erhalten die **Erben**?
(5) Wo sitzt **Elke** besonders gern?
(6) Wer wohnt auf dem **Eiland**?
(7) Was wächst besonders gut im **Monsunnebel**?
(8) Was gibt es in unserem **Laden**?
(9) Was machen wir aus altem **Mehl**?
(10) Eigentlich wollte er etwas sagen, so wünschte er nur **Hundegeist**.

In den **hervorgehobenen** Wörtern ist jeweils das Lösungswort versteckt.

Das Sie mit Anagrammen noch weiter spielen können zeigt das folgende Gedicht:

»germanisten«
germanisten
nistenmager
manistgerne
nistgermane
sagterminne
meintersang
sternmagien
stangenreim
rastimengen
arminsegnet
amensingter
geistermann
samegerinnt
imargennest
nagermisten
greinenmast
grastmeinen
magernstein
(Kurt Mautz)

Namen-Anagramm
ein oder mehr Spieler

Besonderen Spaß macht das Spielen mit fremden und eigenen Namen. So heißt der Autor dieser Sammlung in diesem Spiel FRANK DROHNEITH.
Vornehmer ist es, neben dem Namen auch den Wohnort anzugeben. Auf seinen Visitenkarten stände dann:
RANK TIN, HERFORD oder FRED KHINN, ROTHA.

Wie sehen Ihre Visitenkarten aus?

Kreuzworträtsel
zwei oder mehr Spieler

Sie kennen bestimmt Kreuzworträtsel. In diesem Spiel für zwei Personen oder Gruppen stellen Sie selbst ein Rätsel zusammen. Auf kariertem Papier trennen Sie ein Quadrat aus 10 x 10 oder 12 x 12 Feldern ab. Nacheinander trägt jeder Spieler mit verschiedenfarbigen Stiften ein Wort nach Kreuzworträtselart in die Felder ein. Anfang und Ende des Wortes werden durch einen breiten Strich gekennzeichnet. Der nächste Spieler muss das Wort des ersten mit einem Buchstaben kreuzen. Wenn den Spielern keine Worte mehr einfallen, beenden sie das Spiel. Es gewinnt der Spieler, der die meisten Buchstaben einsetzen konnte.

```
        F
     SPECK
   B    R
  SAU   K
  SCHWEIN
    H   L
EBER
```

Für eine Gruppe kann die Aufgabe darin bestehen, gemeinsam möglichst alle Kästchen des Quadrates zu füllen. Noch schwieriger wird es, wenn dazu nur Worte gewählt werden dürfen, die zu einem vorgegebenen Oberbegriff passen.

> Das erste uns bekannte Kreuzworträtsel wurde 1875 veröffentlicht. Das größte je veröffentlichte Kreuzworträtsel stellte der Belgier Roger Bouckaert 1988 zusammen. Sein Rätsel ist 16,43 Quadratmeter groß und stellt über 50.400 Fragen.

Raster-Rätsel
zwei oder mehr Spieler

Auch in diesem Spiel geht es um Kreuzworträtsel. Jeder Spieler zeichnet sich ein Quadrat mit 6 x 6 Feldern auf ein Blatt. Der Reihe nach nennt jeder nun einen Buchstaben, den alle in ein Kästchen eigener Wahl setzen. Dabei versucht jeder, die Buchstaben zu sinnvollen Wörtern zusammenzustellen, die waagerecht oder senkrecht gelesen werden können.
Wenn alle Felder durch Buchstaben besetzt sind, wird ausgewertet. Für jeden Buchstaben in einem Wort gibt es einen Punkt. Die Auswertung fällt leichter, wenn Begrenzungslinien dick eingetragen werden. Alle Worte aus dem Duden sind erlaubt.

Hier ein Beispiel:

```
    6 5 6 2 4 4         0 6 4 2 4 6
6   R E T T E R     3   E T A I A T
3   A G A A L T     5   F A U N A A
6   S O G A B E     6   R E G E N T
6   T A U F E N     4   S T E G M O
3   E I N D G T     6   G E L D E R
4   R I G A M E     6   A R B E I T
```

Die Zahlen geben die erzielten Punkte in den waagerechten und senkrechten Reihen an. Die Spieler haben 55 und 52 Punkte erreicht.
Spielanfänger sollten mit dem kleineren 5 x 5-Raster beginnen. Fortgeschrittene können auch Worte belohnen, die in den beiden Mitteldiagonalen gebildet werden, oder für längere Wörter mehr Punkte vergeben (2 Buchstaben = 2 Punkte, 3 Buchstaben = 4 Punkte, 4 Buchstaben = 6 Punkte, 5 Buchstaben = 8 Punkte, 6 Buchstaben = 10 Punkte).
Ich habe das Raster-Rätsel übrigens auch schon mit einer ganzen Schulklasse gespielt! Als Kontrolle werden dann alle aufgerufenen Buchstaben an der Tafel aufgelistet.

Pfadfinder
drei oder mehr Spieler

Bleiben wir noch ein wenig beim 5 x 5-(einfacher 4 x 4-) Raster. Diesmal zeichnen Sie nur ein Quadrat für alle Mitspieler auf. Sie tragen nacheinander beliebige Buchstaben in die Felder ein. Wenn das Raster gefüllt ist, gehen alle auf Wortsuche.

O I E L
R U D K
O S R I
M H T O

Die Worte müssen mindestens drei Buchstaben besitzen. Sie beginnen bei einem Buchstaben und versuchen, mit einem (waagerecht, senkrecht oder schräg) benachbarten Buchstaben ein Wort anzufangen. Von einem Buchstaben ausgehend, dürfen Sie also mit jedem benachbarten weitermachen. Allerdings darf kein Buchstabe doppelt eingesetzt werden, es sei denn, er steht auch zweimal im Raster.

Nach dieser Spielregel finden Sie im Quadrat oben über 40 Worte, z. B.:

Rudi, Most, Rom, die, Eid, Kleid, Rio, Tor, rot, Dirk
und viele andere.

Bei der Auswertung wird jeder Buchstabe in jedem gefundenen Wort wieder mit einem Punkt belohnt.
Übrigens: »Pfadfinder« ist ähnlich unter dem Namen »Boggle« im Handel.

Läusejagd
drei oder mehr Spieler

Ein Spieler denkt sich ein Wort aus und notiert für jeden Buchstaben einen Querstrich auf einem Blatt. Das sieht bei AUSBRECHERKOENIG so aus:

_ _ _ _ _ _ _ _ _ _ _ _ _ _ _

Die Spielgruppe nennt nun abwechselnd Buchstaben, um zu erfahren, ob sie im versteckten Wort vertreten sind. Der erste Spieler muss jeden passenden Buchstaben an die richtige Stelle des Wortes setzen. Ist ein Buchstabe mehrmals im Wort vertreten, wird er entsprechend häufig eingesetzt. Nachdem die Gruppe E und R richtig erraten hat, sieht der Zettel so aus:

_ _ _ RE _ ER _ E _ _ _ _ _ _

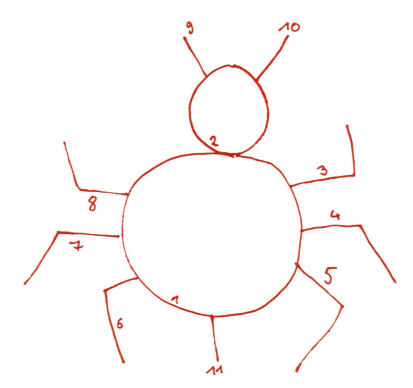

Nennt die Gruppe aber einen Buchstaben, der nicht im Wort vorkommt, darf der Spieler mit der Läusejagd beginnen: Er zeichnet den Läusebauch. Mit jedem falschen Buchstaben wächst die Laus um ein Körperteil. Wenn die Laus komplett ist, bevor die Gruppe das Wort erraten hat, gewinnt der Einzelspieler, wenn nicht, die Gruppe.

Eine fertige Laus sieht nach elf Strichen so aus wie hier abgebildet. Die Zahlen geben die Reihenfolge im Spiel an.

Variante
Das Spiel wird für die Rategruppe leichter, wenn der Einzelspieler gleich zu Beginn Anfang- und Endbuchstaben des versteckten Wortes verrät.
Dieses Spiel heißt auch »Galgenmännchen«. Aber wer mag schon Galgen?

Gefüllte Kalbsbrust
drei oder mehr Spieler

Noch ein uraltes, aber sehr unterhaltsames Spiel, das in unserer Sammlung nicht fehlen darf:
Schreiben Sie die Buchstaben von zwei gleich langen Wörtern senkrecht untereinander. Das ist die Kalbsbrust, jetzt fehlt nur noch die Füllung. Dazu suchen Sie Wörter, die mit dem ersten Buchstaben jeder Reihe beginnen und mit dem letzten aufhören. Hier mein Beispiel:

V	ehemen	Z	V	akan	Z
I	d	A	I	schi	A
E	fe	U	E	ckba	U
H	undekuche	N	H	inte	N

Viel schwieriger wird das Spiel, wenn alle Wörter gleich lang sein sollen. Natürlich können Sie beliebige Buchstaben wählen, auch wenn sie nicht unbedingt sinnvolle Wörter ergeben. Oder schreiben Sie ein beliebiges Wort erst vor- und dann rückwärts untereinander.

Variante
Ein Wettspiel wird daraus, wenn Sie zu jeder Buchstabenkombination möglichst viele Wörter suchen. Bei der Auswertung streichen Sie alle Begriffe, die mehrmals auftreten. Es kommt also auf originelle Einfälle an.

Lexikonspiel
vier oder mehr Spieler
Material: Duden

Der Spielleiter sucht im Lexikon oder Duden ein Fremdwort, dessen Bedeutung kein Mitspieler kennt, und notiert es auf einem Zettel.
Jetzt denken sich alle anderen eine möglichst originelle Erklärung aus. Die »Definitionen« werden gemischt und von dem Spielleiter vorgelesen. Jeder Mitspieler darf eine Vermutung äußern, welche Erklärung richtig ist.
Raten Sie einmal mit: Gesucht wurde in unserer letzten Spielrunde eine Erklärung für TABUN.

Heiko: Altaraufsatz
Gudrun: in den russischen Steppen und Feldern weidende Pferdeherden
Christian: afrikanischer Häuptling im Stamm der Massai
Anita: Tischdekoration bei Krönungsfeierlichkeiten in angelsächsischen Ländern
Heidi: weiter Umhang
Manfred: südamerikanische Holzart, artverwandt mit Gabun, Hartholzart, bevorzugt für den Schiffbau
Wolfgang: Baumwollstoff aus Vorderasien
Christel: ostasiatischer Wind auf den Philippinen
Dirk: Medizinmann der Amazonas-Indianer

Nun, wer hat Recht? Jeder Spieler, der die richtige Erklärung herausgefunden hat, gewinnt einen Punkt. Für jeden Spieler, der sich für eine falsche Erklärung entschied, bekommt der Verfasser dieser Definition auch einen Punkt. Das Lexikonspiel endet, wenn jeder Mitspieler für die anderen ein Fremdwort herausgesucht hat.

Worte mit Vorsilbe
ein oder mehr Spieler

Viele Buchstaben-Spiele können wir auch mit Silben spielen. Erstaunlicherweise sind sie ganz anders: bekannt und neu zugleich.
Zunächst suchen Sie möglichst viele Wörter, die mit derselben Silbe beginnen oder enden. Es gewinnt der Spieler mit der längsten Wortliste.
Mit diesen Silben können Sie beginnen: auf..., ab..., hin..., her... usw., und hier folgen einige Endsilben: ...lich, ...keit, ...ung, ...schaft, ...ig, ...chen usw.

Chinesisch
ein oder mehr Spieler

Jetzt suchen Sie chinesische Wörter. Sie können kein Chinesisch? Na gut. Probieren Sie es trotzdem. Hier einige Vokabeln:

Kin	der Wagen
Bru	der Kuss
Klei	der Schrank
Fin	der Lohn
Meis	der Brief
O	die See

Jetzt können Sie es sicher auch. Gesucht werden Wörter, die Artikel und Substantive enthalten.

> **Bitte laut lesen!**
> Gmäeß eneir Sutide eneir elgnihcesn Uvinisterät ist es nchit witihcg, in wlecehr Rneflogheie die Bstachuebn in eneim Wrot snid, das ezniige, was wcthiig ist, ist, dass der estre und der leztte Bstabchue an der ritihcgen Pstoiion snid. Der Rset knan ein ttoaelr Bsinöldn sien, tedztorm knan man ihn onhe Pemoblre lseen. Das ist so, wiel wir ncith jeedn Bstachuebn enzelin leesn, snderon das Wrot als gseatems. Ehct ksras! Das ghet wicklirh!

Artikel-Jagd

ein oder mehr Spieler

Mit unbestimmten und bestimmten Artikeln anderer Sprachen lassen sich herrlich Wörter erklären. Hier eine kleine Auswahl:

englisch:	the ismus = die Meerenge
	the ma = die Mutter
holländisch:	het ze = die See
	de zimal = das Zimmer
französisch:	la dung = der Mist
	le ber = der Bär
italienisch:	il lusion = die Reinigung
schwedisch:	en doskop = der Dummkopf
	et appe = der Affe
spanisch:	un art = die Kunst
	los eisen = das Metall

Jetzt suchen Sie bitte weiter!

Fremdsprachen

ein oder mehr Spieler

Ordnen Sie Silben in einem Wort oder einem Satz neu an, so ergibt sich ein ganz anderer Sinn. Am bekanntesten ist wohl das Beispiel der Blumento-Pferde. Hinter diesem geheimnisvollen Tiernamen versteckt sich Blumen-Topf-Erde.

Situs vilat inisse taber nit.

Dieser Satz sieht doch wie Latein aus, oder? Ist aber kein Latein und das sagt er auch:

Sit us vi Latin, isset aber nit.

Weitere Fremdsprachensätze basteln Sie leicht selbst, wenn Sie die Silben eines Satzes neu zusammenstellen. Hier einige Beispiele als Anregung:

Di curante bis sivil.
Alaser musassi.
Cuclefand densias.
Ave terra nisa alter sol dat ave terinae ris avi doctor.
Dasdro medarfi lumundiam mertela ut.

Alles gar nicht so schwer. Sie müssen nur die Silben neu anordnen:

Al lesgarn ich tsosch wer. Si emu ess enn ur di esil benne uanor dnen.

Und noch ein besonders schönes Beispiel:

A ufe inerwi esesch läf te inri ese,
ersch läftsch onse itsi eben undsi eb zigjah ren,
e inra beni stet inse in enha aren,
inse in erna sewohn te insch af.
Weck tihnnich taufa usse inemsch laf!
(Helga Gebert*)

*) aus: Das große Rätselbuch
© 1997 Beltz & Gelberg in der Verlagsgruppe Beltz, Weinheim & Basel

Nomen est omen
ein oder mehr Spieler

Einigen Menschen ist mit dem Namen der Beruf in die Wiege gelegt worden.

Otto Motor, Kfz-Mechaniker
Lore Ley, Sängerin
Addi Tion, Mathematiker
Kate Chese, Religionslehrerin
Ben Gale, Feuerwerker
Dick Fellig, Pelzhändler
Ben Zin, Tankwart
Hans Dampf, Koch
Jack Etkrone, Zahnarzt
Kai Mauer, Hafenarbeiter
Peter Silie, Gärtner
Ana Bolika, Ärztin
Lotte Rielos, Glücksbringerin
Marie Huana, Zigarettenhändlerin

Kennen Sie weitere Namen? Bestimmt.

Papa plätschert lustig in der Badewanne
drei oder mehr Spieler

Mit diesem schon klassischen Schreibspiel werden Sie zu Autoren. Jeder Mitspieler bekommt ein Blatt Papier, das er durch Falten in vier Spalten teilt. Über jede Spalte schreiben Sie ein Fragewort, in der Reihenfolge »Wer?«, »Was?«, »Wie?« und »Wo?« Jeder Spieler notiert verdeckt in der Wer-Spalte einen Namen und faltet das Papier so, dass der nächste Spieler es nicht sehen kann. Dann gibt er das Blatt seinem linken Nachbarn. Nun beantworten alle die Was-Frage und geben den Bogen verdeckt weiter. Sind alle vier Fragen beantwortet, werden die vollständigen Sätze vorgelesen. Das gibt irre Ergebnisse.

Onkel Heinz rudert hingebungsvoll im Zirkus.
Winnetou radelte schwatzend am Nil.

Sie sollten gleich eine neue Runde anschließen. Da Sie nun zu den Dichtern gehören, brauchen Sie auch einen geheimen Namen, unter dem Ihre Werke veröffentlicht werden können. Kurt Tucholsky schrieb unter folgende Pseudonymen: **P**eter **P**anter, **T**heobald **T**iger, **B**enno **B**üffel. Nach diesem Muster finden Sie bestimmt etwas Passendes.

Schummeln verboten
ein oder mehr Spieler
Zusatzmaterial: Streichhölzer

Mit »Schummeln verboten« stelle ich Ihnen die Schreibspielvariante zu »Bloß nicht Schluss machen« von S. 93, einem meiner Lieblingsspiele, vor.

Für die Mitspieler benötigen Sie je fünf Streichhölzer und verschiedenfarbige Stifte. Jeder denkt sich ein Wort aus und notiert den Anfangsbuchstaben auf seinem Zettel. Dann gibt er das Blatt an seinen linken Nachbarn weiter, der einen Buchstaben anfügt und es weiterreicht, sodass nach und nach ein Wort entsteht.

Es ist nicht wichtig, dass das Wort mit dem des Vorgängers übereinstimmt. Jedes Blatt füllt sich, und es wird immer schwieriger, die Buchstabenkombination sinnvoll zu ergänzen.

Wenn Ihnen gar nichts mehr einfällt, können Sie einen Trick versuchen: Sie notieren einen beliebigen Buchstaben. Akzeptiert der nächste Spieler die Kombination und ergänzt sie mit einem weiteren Buchstaben, kann Ihnen nichts passieren. Wenn der Nachbar aber glaubt, Sie hätten geschummelt, darf er Sie nach Ihrem fertigen Wort fragen. Wer keine Antwort weiß, muss als Strafe ein Streichholz abgeben. Kennen Sie das Wort, zahlt der Nachbar.

Auch wer ein Wort beendet, muss ein Holz abgeben. Ohne Streichhölzer scheidet ein Spieler aus. Wer zuletzt noch ein Streichholz besitzt, gewinnt.

»Schummeln verboten« gab es unter dem Titel »Schummelwort« im Spielwarenhandel, s. S. 107.

JEDER EIN EDISON: BUCHSTABENSPIELE SELBST GEMACHT

Für die Spiele in diesem Kapitel benötigen Sie 26 Buchstabenplättchen von A bis Z, die Sie entweder aus einem Buchstabenspiel (Scrabble & Co.) nehmen oder selbst basteln, und meistens noch ein Säckchen für die 26 Buchstaben. Sie können die Plättchen leicht aus Karton ausschneiden. Hier müssen Sie nur auf eine einfarbige Rückseite achten. Die Buchstaben können Sie selbst zeichnen (Schablonen), aus Zeitungen ausschneiden und aufkleben oder stempeln. Haltbarer sind Holzplättchen mit gleichmäßiger Maserung, deren Rückseite nicht den Buchstaben verrät. Oft reichen auch Kunststoffchips aus dem Bastelgeschäft. Zum Schutz empfehle ich Klarlack.

Einzelgänger
zwei oder mehr Spieler

Die 26 Buchstabenplättchen kommen in ein kleines Säckchen. Ein Spieler zieht einen Buchstaben und legt den Einzelgänger (hier: M) offen auf den Tisch.

Gemeinsam oder im Wettbewerb suchen die Spieler möglichst viele Worte, die …

… mit dem Buchstaben beginnen. Hier ist es besser, wenn Sie vorher einen Oberbegriff vereinbaren, z. B. Lebensmittel (**M**ilch, **M**ettwurst, **M**ohrrüben, **M**ohrenkopf, **M**ais).
… den Buchstaben genau in der Wortmitte stehen haben (Ka**m**el, La**m**as, O**m**a, Leder**m**antel, Norda**m**erika).
… den gleichen Buchstaben am Anfang und am Ende des Wortes haben (**M**andelbau**m**, **M**eerschau**m**, **M**onogram**m**, **M**usli**m**, **M**illigram**m**).

Einfacher wird das Spiel, wenn Sie die schwierigeren Buchstaben (J, Q, X, Y, Z) vorher aussortieren.

Doppelgänger
zwei oder mehr Spieler

Schwieriger wird die Wortsuche, wenn Sie zwei Buchstaben verdeckt ziehen und offen auslegen (hier: E und M). Wieder suchen Sie Wörter, die ...

... mit den Buchstaben beginnen (**Em**den, **E-M**oll, **Em**il, **Me**hrwertsteuer, **Me**xiko).
... mit den Buchstaben enden (Pal**me**, Blu**me**, Da**me**, Diad**em**, Plempl**em**).
... mit einem Buchstaben beginnen und mit dem anderen aufhören (**M**eis**e**, **M**eik**e**, **M**aisernt**e**, **E**da**m**, **E**vaskostü**m**).

Wortschöpfung
zwei oder mehr Spieler

Diesmal legen Sie drei Buchstaben offen auf den Tisch, allerdings darf kein Vokal darunter sein. Aus den Buchstaben sollen viele Wörter gebildet werden. Vokale dürfen beliebig eingefügt werden, zusätzliche andere Konsonanten sind verboten. Aus B, C und H entsteht so eine ganze Liste: Bauch, Buche, Bach, Buch, Bäche, Bache ...
Später nehmen Sie vier und mehr Buchstaben.

Wortschöpfung mit Vorgabe
zwei oder mehr Spieler

Die drei Buchstaben aus dem vorherigen Spiel bleiben auf dem Tisch.
Ordnen Sie die Buchstaben in einer Reihe und suchen Sie Wörter, in denen die Buchstaben in der vorgegebenen Reihenfolge vorkommen. Hier z. B. stimmt die Reihenfolge: **B**erlinzus**ch**uss, ü**b**erras**ch**t, A**bb**lendli**ch**t. Da es viele gültige Wörter gibt, sollten Sie die Bedenkzeit auf drei bis fünf Minuten begrenzen.

Wortschöpfung total
zwei oder mehr Spieler

Ein Spieler zieht aus einem Säckchen fünf Buchstabenplättchen und legt sie offen auf den Tisch. Alle suchen nun ein möglichst langes Wort, in dem nur die ausgesuchten Buchstaben vorkommen. Für jeden Buchstaben erhalten die Mitspieler bei der Auswertung einen Punkt.

Ein Beispiel: Die Buchstaben A I M P S werden aufgedeckt.

Mais	4 Punkte
Apsis	5 Punkte
Mississippipass	15 Punkte

Wenn Sie wollen, können Sie im Spiel auch ein Blankoplättchen als Joker hinzufügen. So kann sich jeder einen anderen zusätzlichen Buchstaben aussuchen.

> Warum?
> **das** Warzenschwein,
> **das** Hausschwein,
> **das** Wildschein,
> aber
> **der** Tischwein?

Sätze bilden
zwei oder mehr Spieler
Zusatzmaterial: zwei Würfel

Ein Spieler wirft beide Würfel und addiert die Zahlen. Entsprechend der Augenzahl werden Buchstabenplättchen aufgedeckt. Alle Spieler versuchen, gemeinsam oder einzeln Sätze zu bilden, deren Wörter mit diesen Buchstaben beginnen. Die Sätze können beliebig lang sein. Für jeden eingesetzten Anfangsbuchstaben wird dem Spieler ein Punkt gutgeschrieben. Spieler, die alle Buchstaben verwenden konnten, erhalten einen Zusatzpunkt.

Ein Beispiel:

A C F I N S W
Clowns **i**nteressiert **w**eißer **S**and. (4 Punkte)
Caesar **s**ucht **i**m **F**rühling **w**ieder **n**eue **A**benteuer.
(7 Punkte)

Nach jeder Runde werden die Buchstaben neu verdeckt und gemischt.

ABC-Brille
zwei oder mehr Spieler

Sie zeichnen zunächst auf ein Blatt Papier zwei große Kreise und verbinden sie mit einer geraden Linie. Fertig ist die ABC-Brille. Aus dem Buchstabenvorrat ziehen Sie verdeckt zehn Plättchen und legen je fünf auf ein Brillenglas. Jetzt sollen Sie aus fünf Buchstaben möglichst viele Wörter bilden.
Die ersten beiden Buchstaben müssen aus dem linken, die letzten beiden aus dem rechten Brillenglas stammen. Den mittleren Buchstaben dürfen Sie sich jeweils selbst aussuchen.

ABC-Bingo
zwei oder mehr Spieler

Alle Mitspieler notieren für sich auf einem Zettel fünf Wörter mit mindestens fünf Buchstaben. Dann werden nacheinander die verdeckt auf dem Tisch liegenden Plättchen umgedreht. Sobald ein Buchstabe erscheint, der in einem der notierten Wörter steckt, streichen Sie ihn dort.
Wer zuerst ein Wort komplett streichen kann, ruft laut »Bingo!« und bekommt dafür einen Punkt gutgeschrieben. Sowie einer der Spieler alle Wörter streichen kann, hat er »Super-Bingo« und damit drei Punkte gewonnen.

Variante

In späteren Spielrunden können auch längere Wörter gewählt werden. Es kommt dann nur auf eine zügige Spielweise an.

Plirk

zwei oder mehr Spieler
Material: 26 Buchstabenplättchen von A bis Z mit Zahlen, drei Würfel

Einige Buchstabenplättchen aus Spielen der Spielhersteller (z. B. Scrabble) zeigen zusätzlich zu einem Buchstaben eine Zahl. Solche Plättchen benötigen Sie bei unserem, im Vergleich zur Originalversion (s. S. 106) vereinfachten Spiel. Zusätzlich zu den 26 Buchstabenplättchen spielen Sie mit drei Würfeln, die vor jeder Runde geworfen werden. Die Augen der Würfel zählen Sie zusammen. Sie bestimmen die Zielpunktzahl: eine Ziffer zwischen 3 und 18.

Die Hälfte der Buchstabenplättchen wird aufgedeckt. Alle Spieler versuchen, ein Wort zu bilden, dessen Buchstaben-Werte dieselbe Summe ergeben wie die der Würfel. Wer diese zuerst erreicht, gewinnt die Spielrunde. Falls es zu schwierig wird, dürfen Sie noch einmal würfeln.

Variante

Wenn Kinder mitspielen, können Sie die Augenzahl eines Würfels weglassen, da es oft sehr schwierig ist, hohe Werte zu erreichen.

Wortwirbel
zwei oder mehr Spieler
Zusatzmaterial: Papier, Stifte

Zur Vorbereitung dieses Buchstabenspiels übertragen Sie den Spielplan auf eine stabile Pappe und setzen elf Buchstabenplättchen in die Kreise. Im Mittelkreis sollte ein Vokal liegen. Alle Mitspieler suchen möglichst viele Wörter, die mit den Buchstaben gebildet werden können. Sie dürfen nur Buchstaben zusammenfügen, die durch eine direkte Linie verbunden sind. Es ist erlaubt, Buchstaben häufiger zu verwenden, wenn die Verbindungslinien entsprechend laufen. Wer nach einer vorher festgelegten Zeit die meisten Wörter gefunden hat, gewinnt das Spiel. Sie können eine Punktwertung vereinbaren und längere Wörter mit höheren Werten belohnen. Dann zählen Wörter mit drei Buchstaben einen Punkt, mit vier Buchstaben zwei Punkte, mit fünf Buchstaben vier Punkte, mit sechs Buchstaben sechs Punkte, mit sieben Buchstaben acht Punkte und mit mehr als sieben Buchstaben zehn Punkte.

Tausch-Wort
drei oder mehr Spieler

In diesem Spiel bekommt bei drei Spielern jeder fünf, bei vier Spielern jeder vier Buchstabenplättchen, die in der Hand verborgen bleiben. Drei weitere Buchstaben werden offen in die Mitte gelegt.

Einen dieser drei Buchstaben darf jeder reihum mit einem eigenen tauschen. Hat ein Spieler ein Wort mit vier bzw. fünf Buchstaben in der Hand, passt er und sagt damit den Schluss des Spiels an. Nun dürfen die anderen jeweils noch einmal tauschen, dann wird aufgedeckt.

Gesucht wird der Verlierer. Das ist derjenige, der kein Wort oder nur eines mit zwei oder drei Buchstaben hat. Gibt es mehrere davon, verliert der Spieler, der den Buchstaben besitzt, der am weitesten hinten im Alphabet steht. Haben alle Spieler gleich lange Wörter, verliert der mit den meisten Vokalen.

Beginnen darf der Spieler, der entweder keinen Vokal hat oder die schwierigsten Buchstaben (X, Y, Q, V, Z oder C) besitzt.

Ruf-Wort
zwei oder mehr Spieler

Die Buchstabenplättchen werden verdeckt hingelegt. Ein Spieler dreht ein beliebiges Plättchen um, sodass der Buchstabe offen auf dem Tisch liegt. Der Nächste macht es genauso.
Wann immer sich aus den aufgedeckten Buchstaben ein Wort bilden lässt, wird es von dem Spieler, der es herausgefunden hat, laut gerufen. Für jedes gültige Wort gibt es einen Punkt.
Natürlich lassen sich mit denselben Buchstaben unterschiedliche Wörter bilden, z. B.: »Samt« und »Mast« oder schon vorher »Amt«. Die Spieler verabreden vorher das Spielende (entweder bei einer bestimmten Anzahl aufgedeckter Buchstaben, bei einer festgelegten Punktzahl oder nach einer bestimmten Zeit).
Sind acht oder neun Buchstaben aufgedeckt, sollte die Nachdenkzeit eingeschränkt werden, weil bei einer höheren Anzahl der Buchstaben die Möglichkeiten immer größer werden.

Memo-Letter
zwei oder mehr Spieler

Die Buchstabenplättchen liegen verdeckt auf dem Tisch. Der erste Spieler dreht zwei Plättchen um, zeigt allen die Buchstaben darunter und legt die Steine wieder verdeckt zurück. Der Nächste deckt wieder zwei Steine auf. Die Spieler merken sich deren Lage. Glaubt ein Spieler aus den Buchstaben ein Wort bilden zu können, so nennt er es und dreht die betreffenden Steine um. Stimmt die Angabe, bekommt der Spieler pro Buchstabe einen Punkt gutgeschrieben. Stimmt es nicht, erhält er fünf Minuspunkte. Dann wird weitergespielt. Ein einmal genanntes Wort kann nicht noch einmal benutzt werden.

X-Weise
ein oder mehr Spieler

Mit den Buchstabenplättchen soll ein gültiges Kreuzworträtsel gelegt werden, d. h. alle Buchstaben, die nebeneinander liegen, müssen einen Sinn ergeben. Lücken sind nicht erlaubt.

Hier ein Beispiel:

```
 Z W E R G
     I
 S C H O P F
     T
K A L B
     U
```

(nicht verwendet: D J M N Q V X Y)

Variante
Sie können auch eine Punktwertung einführen. Dann zählt jeder verwendete Buchstabe pro Wort einen Punkt, Kreuzpunkte werden doppelt gezählt.
Wenn zwei Gruppen gegeneinander spielen möchten, erhält jede Mannschaft ein vollständiges Alphabet. Nacheinander werden kreuzweise Wörter gelegt. Es gewinnt die Gruppe, die die wenigsten Buchstaben übrig behält.

ABC-Kreis
zwei oder mehr Spieler
Zusatzmaterial: ein Würfel, eine Spielfigur

Die Buchstabenplättchen werden verdeckt im Kreis angeordnet. Auf einen Stein stellen Sie eine Spielfigur (Halmakegel o. Ä.).

Sie bestimmen gemeinsam einen Oberbegriff (z. B. Städtenamen). Ein Spieler würfelt und setzt die Figur so viele Plättchen weiter, wie die Augenzahl zeigt. Wenn er so einen Buchstaben erreicht, deckt er ihn auf und nennt ein Wort, das mit diesem Buchstaben beginnt (Variation: endet) und zum Oberbegriff passt (also zu B: Bielefeld). Der nächste Spieler macht genauso weiter. Er darf nach dem Wurf die Richtung bestimmen, in die er ziehen möchte. Wenn ein Spieler auf einem schon aufgedeckten Buchstaben stehen bleibt, nennt er ein Wort, das noch nicht vorkam. Macht der Spieler einen Fehler, d. h. er kennt kein Wort oder wiederholt eins, so muss er das Plättchen an sich nehmen.

Das Spiel ist beendet, wenn alle Buchstaben aufgedeckt sind. Es gewinnt der Spieler, der die wenigsten Plättchen sammelte. Wer den letzten Buchstaben aufdeckt und eine Lösung kennt, darf zwei Plättchen vor der Auswertung zurücklegen.

Variante
Natürlich können Sie dies auch umgekehrt spielen und immer ein Plättchen wegnehmen, wenn ein Begriff richtig gefunden wurde. Dann gewinnt der Spieler mit den meisten Buchstaben.

Buchstaben-Stafette

vier oder mehr Spieler
Zusatzmaterial: Ein zweiter Satz aus 26 Buchstabenplättchen von A bis Z

Für jede Gruppe benötigen Sie einen kompletten Satz mit ABC-Plättchen. Die Buchstaben liegen verstreut auf dem Tisch, der einige Meter von der Gruppe entfernt steht. Der Spielleiter nennt ein Wort, in dem kein Buchstabe doppelt vorkommt, und gibt das Startzeichen.
Ein Spieler jeder Gruppe läuft zum Tisch und holt den Anfangsbuchstaben des Wortes. Danach darf der zweite Spieler starten. Es gewinnt die Gruppe, die zuerst das vollständige Wort vorzeigen kann.

ABC-Rallye
vier oder mehr Spieler

Zwei oder mehr Gruppen sitzen sich gegenüber. Der Spielleiter zeigt einem Vertreter jeder Gruppe einen Buchstaben. Die Spieler sollen nun schnell einen Gegenstand holen, der mit dem ausgelosten Buchstaben beginnt, z. B.: **A**pfel, **B**all, **C**lownsbild usw. Für die schnellste Lösung der Aufgabe erhält die Gruppe einen Punkt. Dann bekommen zwei andere Spieler mit einem neuen Buchstaben ihre Aufgabe. Natürlich kann auch die ganze Gruppe gleichzeitig spielen. Dann muss sie für jeden Buchstaben des Alphabets einen Gegenstand sammeln und vorzeigen.

Foto-Rallye
zwei oder mehr Spieler
Fotoapparat, Kassettenrecorder oder Schreibzeug

Eine ABC-Rallye macht auch draußen Spaß. Alle Gruppenmitglieder sammeln Häuser, Plätze, Stimmen usw. mit Sofortbild- oder Digitalkamera, Kassettenrecorder oder Zeichenstift.
Jeder Buchstabe muss als Anfangsbuchstabe einmal vorkommen, z. B. **A**ula der Schule, **B**ettengeschäft, **C**orneliusstraße usw.
Am Ende des Spiels präsentiert jede Gruppe ihr Alphabet in einer kleinen Dokumentation. Wenn Sie nicht einen ganzen Nachmittag Zeit haben, können Sie auch einen Buchstaben auswählen und möglichst viele Belege dazu sammeln, so z. B. **T**heater, **T**elefonzelle, **T**ennishalle, **T**eestube, **T**eppichbodengeschäft usw.

Buchstabenspiele selber erfinden
ein oder mehr Spieler
Material: Illustrierte, Papier, Stifte

Einen Spielplan können Sie ganz schnell zusammenstellen. Zunächst sammeln Sie in Zeitungen und Illustrierten Buchstaben. Wer es sich einfacher machen will, schneidet vorher eine Schablone in der Größe eines Spielfeldes aus. Dann kann jeder sofort sehen, ob ein Buchstabe hineinpasst. Die ausgeschnittenen Buchstaben werden dann einfach aufgeklebt. Oder Sie fotokopieren die fertige Seite, übermalen die Restschatten mit Deckweiß und kopieren noch einmal. So erhalten Sie ein sauberes Spielfeld. Natürlich können Sie Ihren Plan mit Hilfe des Computers selbst ausdrucken.

Ihnen fehlen jetzt nur noch die Spielregeln.
Also, erfinden Sie mal wieder ein Spiel! Sie können mit Würfeln spielen, eine Spielfigur im Rösselsprung von Feld zu Feld ziehen, Chips nach Regeln einsetzen und verschieben, den Plan auseinander schneiden und neu zusammensetzen, Geschichten mit den 35 Anfangsbuchstaben erzählen ...

Tipp
Wenn Sie Ihre Spielpläne mit selbstklebender Folie überziehen, halten sie länger.

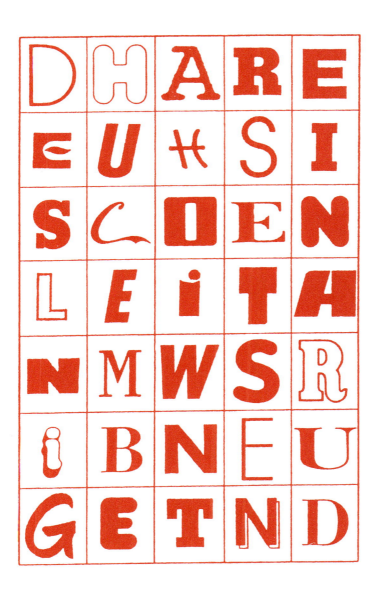

MIT MOUSE UND JOYSTICK: SCHREIBSPIELE FÜR CHATROOMS

Chatrooms eignen sich nicht nur zum Flirten oder Tratschen. Hier darf auch gespielt werden. Hier unsere Schreibspiel-Favoriten fürs Spielen im Netz.
Ganz ehrlich: Unsere Schreibspiele lassen sich gut auch zu Hause spielen, deswegen lohnen sich unsere Spielvorschläge auch für Nicht-Computer-Spieler. Aber wenn die Mitspieler zu Hause fehlen, im Internet gibt es sie bestimmt.

Ich heiße ...
drei oder mehr Spieler

Ein »Neuer« im Chatroom stellt sich vor: »Hier ist **W**olfgang«. Die anderen stellen Fragen, die Wolfgang beantworten soll. Einzige Bedingung: Die Antworten müssen immer mit dem Anfangsbuchstaben des Spielers beginnen. Im Chatroom kann keiner die Richtigkeit der Antworten überprüfen, und das ist bei diesem Spiel auch ganz gut so.

Wo wohnst du? – **W**olfsburg
Was liest du gerade? – **W**unschpunsch (von Michael Ende)
Wo machst du Urlaub? – **W**ien
Was machst du gern in deiner Freizeit? – **W**attwanderungen

Wenn Sie Ihre Chatpartner schon besser kennen, können Sie auch mit dem Nachnamen spielen. Dann müssen die Antworten natürlich aus zwei Wörtern bestehen.
Wenn **W**olfgang mit Nachnamen **K**aptur heißt, dann liebt er sicher **w**eiße **K**astanien und verbringt seinen Urlaub im **w**estlichen **K**roatien.

Besondere Dialoge
zwei oder mehr Spieler

Vielleicht schaffen Sie es, sich wie der Komiker Heinz Erhardt zu unterhalten. In seinem Bühnenprogramm ließ er sich einen Buchstaben nennen und spielte dann Dialoge vor, deren Worte immer mit demselben Buchstaben begannen.

Seinen G-Sketch begann Heinz Erhardt so:

»**G**ong!«
»**G**eliebte **G**isela!«
»**G**eliebter **G**regorius. **G**ünstige **G**elegenheit!«
»**G**atte **g**ing!«
»**G**eschäftsreise.«
»**G**uxhaven?«
»**G**roß **G**erau.«
»**G**etränk **g**efällig?«

Wer spielt das Gespräch weiter? Wie fit sind Ihre Chat-Partner? Ihre Dialoge könnten so beginnen:

Hier **H**elmut. **H**abe **H**aus **h**inter **H**annovers **H**auptbahnhof. **H**abe **H**eimweh!
Sind **s**üße **S**tuttgarterinnen **s**chon **s**chatbereit?

... oder ganz anders. Sie können natürlich auch Gespräche führen und zwei verschiedene Anfangsbuchstaben erlauben.

*) »G-Sketsch« aus: Das große Heinz Erhardt Buch
© 2002 Lappan Verlag, Oldenburg

Chatten mit Hindernissen
drei oder mehr Spieler

Unterhalten Sie sich über ein vorgegebenes Thema. Für das Chatten gilt eine der folgenden Bedingungen:

(1) Kein Wort darf mit D (H, S, T) beginnen.
(2) In allen Wörtern darf nie ein O (F, L, M; noch schwerer: A, E) vorkommen.
(3) Worte mit doppelten Buchstaben (z. B. So**mm**er) sind verboten.
(4) Möglichst viele Worte sollen mit G (K, N, P) beginnen.
(5) Es dürfen nur einsilbige Wörter benutzt werden.
(6) Alle Wörter müssen mindestens drei (vier, fünf) Buchstaben haben.
(7) Für jedes A in einem Wort muss ein U geschrieben werden.
(8) Möglichst viele Worte sollen mit B (G, T, E) enden.

Sie können aus diesem Spiel leicht einen Wettbewerb gestalten. Dann gewinnt der Spieler, der in einer vorgegebenen Zeit (z. B.: zwei Minuten) die wenigsten Fehler begeht.

Chatkette
drei oder mehr Spieler

Wir »sprechen« der Reihe nach. Das letzte Wort eines Satzes muss am Anfang des nächsten stehen:

Stefan: Gestern habe ich Hajo **gesehen**.
Uwe: **Gesehen** habe ich ihn zwar schon lange nicht mehr, aber telefoniert haben wir.
Joe: **Wir** waren übrigens mal mit ihm zusammen in **Bremen**.
Stefan: **Bremen?** Da gibt es doch diesen fantastischen Fußballverein!

Wortreihe
drei oder mehr Spieler

Der Start-Chatter wählt einen Buchstaben aus. In jeder Spielrunde wird ein Buchstabe hinzugenommen, sodass ein neues sinnvolles Wort entsteht. Die Buchstaben dürfen dabei umgestellt werden. Hier ein Beispiel:

S
As
Sau
Haus
Schau
Schaum
Schmaus
Sauscham
Saumatsch

Die Gruppe versucht, möglichst lange Wortketten zu finden, oder sucht im Wettstreit den Spieler, dem dies am besten gelingt.
Nach Vereinbarung kann es auch erlaubt sein, zwei oder mehr Worte oder gar ganze Sätze mit den Buchstaben zu bilden.

Bloß nicht Schluss machen
drei oder mehr Spieler

Die Gruppe begibt sich gemeinsam auf Wortsuche. Vorab wird ein Spieler beauftragt, die Punkte zu notieren.
Jeder »nennt« nacheinander einen Buchstaben. Der erste denkt sich ein Wort aus, gibt aber nur den ersten Buchstaben ein. Er schreibt H, sein Wort ist z. B. »Hafen«.
Der zweite denkt an »Hutmacher« und fügt ein U hinzu. Dem dritten Mitspieler fällt »Hundesalon« ein, und er steuert ein N bei.
Der vierte muss nun aufpassen, dass er nicht mit einem D (Hund) die Wortsuche beendet, denn dafür erhält er einen Minuspunkt. Sein Buchstabe heißt also G (Hunger).

Wer keinen Buchstaben mehr anfügen kann, notiert ebenfalls einen Fehlpunkt. Natürlich ist auch ein Bluff möglich. So könnte z. B. der nächste Spieler ein R anfügen, ohne ein passendes Wort zu kennen. Wenn der nun folgende mit I (hungrig) weitermacht, passiert nichts. Andererseits darf jeder Spieler nachfragen, um dies zu überprüfen. War es ein Bluff, erhält der Spieler den Punkt, wenn nicht, der Fragesteller. Nach fünf Minuspunkten scheidet ein Spieler aus.

Variante
Sie können in diesem Spiel auch erlauben, dass Buchstaben vor das Wort gesetzt werden. Ganz schwierig wird es, wenn die Buchstaben beliebig umgestellt werden dürfen. So könnte aus unserem Wort noch ein »Schneehuhngrill« werden, was auch immer das sein mag.

4U Kürzel

drei oder mehr Spieler

Ganz kurz müssen SMS-Nachrichten und Chat-Beiträge oft sein. Erfahrene Wortspieler haben hier natürlich Vorteile. Die Abkürzungen füllen ganze Bücher, hier einige besonders schöne Beispiele:

3st	dreist
4e	forever
4U	for you
8ung	Achtung
BbB	Bis bald, Baby
Dg	dumm gelaufen
j4f	just for fun
t+	think positive

Denken Sie sich mit Ihren Chatpartnern eigene Kürzel aus. Vereinbaren Sie Ihre Chat-Sprache, vielleicht so:

Iloveu – loveume2?

Die Satzzeichenbilder, der Fachbegriff dafür ist »Emoticons«, habe ich ja schon auf S. 56 erwähnt. Auch hier gibt es lange Ideenlisten. Trotzdem fallen Ihnen bestimmt weitere ein. Für Neulinge: Drehen Sie Ihren Kopf – oder den Monitor ;-) – um 90 Grad und »lesen« Sie die Satzzeichen:

:-/   Ich bin skeptisch.
:-*   Kuss
(-:   Linkshänder

Sogar Gesichter lassen sich mit den Satzzeichen abbilden:

<:-)   Clown
=:-)   Punk
C=:-)   Koch
+:-)   Pastor
+:-)B   Pastorin/Nonne
0:-)   Engel
{:-)   Toupetträger
:-[Vampir

Wer erst einmal Feuer gefangen hat bei der Suche nach neuen Emoticons, hört so schnell nicht wieder auf.

Krimi-Chat
zwei oder mehr Spieler

Eines meiner Lieblingsspiele mit Gruppen lässt sich wunderbar auch im Chatroom spielen.
Ein Mitspieler schreibt einen Satz, hinter dem sich eine merkwürdige Angelegenheit versteckt. Alle Personen im Chatroom können mitspielen und mitraten. Dazu stellen sie Fragen, die der Satzschreiber allerdings nur mit »Ja« oder »Nein« beantwortet. Wichtig ist dabei, dass immer alle wissen, auf welche Frage sich die Antwort bezieht. Das könnte dann so aussehen:

Ratesatz: »Als er sich beim Baden ständig den Kopf stieß, fühlte er sich wohl.«

»Badet der Mensch in der Badewanne?« – »Nein.«
»Stößt er sich den Kopf an einem Schrank?« – »Nein.«
»Badet hier ein Mann?« – »Nein.«
»Eine Frau?« – »Nein.«
usw.

So langsam findet dann die Chatgruppe den ganzen Sachverhalt heraus. Hinter diesem Fall versteckt sich niemand anders als Dagobert Duck, der am liebsten in Geld badet. Sie sehen, die Fälle müssen gar nicht blutrünstig sein. Es kommt nur auf die geschickte Verpackung des Sachverhalts an.

Hier drei weitere Ratesätze für Ihre Chatgruppe:

1. Die Frau wollte das Päckchen nicht zurück; ihr Mann brauche schließlich sein Frühstück.
2. Als sie es klingeln hörte, legte sie den Hörer wieder auf.
3. Für das zweite Auge zahlte er schon 200 Euro.

SCHNIPPSCHNAPP: SPIELE MIT SCHERE UND ZEITUNG

Zeitungen und Illustrierte sind eine ideale Fundgrube für ABC-Spiele, bestehen sie doch nur aus Bildern und Buchstaben. In alten Zeitungen können Sie unbesorgt malen oder einzelne Buchstaben und Sätze herausschneiden. Wenn Sie einmal mehrere Exemplare einer Zeitung benötigen, hilft Ihnen die Lokalredaktion der Tageszeitung mit älteren Ausgaben weiter.

Für alle Spiele in diesem Kapitel brauchen Sie eine Schere, einen Stift und eine Zeitung für jeden Spieler.

ABC-Geschichte
zwei oder mehr Spieler

Alle Spieler suchen, zusammen oder getrennt, für jeden Buchstaben des Alphabets ein Wort aus den Meldungen und halten es schriftlich fest. Mit Hilfe dieser Worte wird dann eine Geschichte geschrieben.

In dem Bericht sollen alle ausgesuchten Worte und möglichst wenig »Füllwörter« vorkommen. Wenn die Gruppe einen Gewinner suchen möchte, belohnt sie die originellste oder die kürzeste Geschichte.

Variante
Das Spiel wird leichter, wenn Sie auf die strenge Auswahl der 26 Wörter verzichten und etwa dreißig Wörter beliebig auswählen und daraus die Geschichte schreiben.

Dichterrunde
drei oder mehr Spieler

Gemeinsam soll die Gruppe Kurzgeschichten verfassen. Dazu kreist jeder für sich auf einer eigenen Zeitungsseite zehn Stichworte ein und schreibt dann eine Geschichte, in der die Wörter vorkommen.

Sind alle Dichter fertig, reichen sie ihre Zeitungsseite nach links weiter und führen die eigene Geschichte mit den neuen Wörtern fort.

Wenn die Zeitungsseite nach einer Runde wieder beim Spieler landet, muss die Geschichte beendet werden. Jeder liest seinen Text vor. Da alle dieselben Codewörter erhalten haben, ist es spannend zu hören, was den Kollegen der Dichterrunde in anderer Reihenfolge dazu eingefallen ist.

> Die größte Zeitung der Welt war eine 100-seitige Sonderausgabe der Zeitung »Paris Gallery«. Sie wurde 2002 in Dubai für ein Shopping Festival in einer Auflage von 150 Exemplaren gedruckt und maß 67 x 98 cm. Die Zeitung wog immerhin 10 kg.

Star-Reporter
drei oder mehr Spieler

Der Spielleiter diktiert alle Anfangsbuchstaben und Satzzeichen einer kurzen Zeitungsmeldung. Die Mitspieler versuchen, mit denselben Anfangsbuchstaben eine neue Meldung zu schreiben. Mit dieser Meldung könnten Sie sofort beginnen:

M s f g u w
M. M s h a w e m b e b f e k f »g« u i d n f g, w e f w. W d p m, ü d m d e d m e g m »b«, e d s z d a d f b s f, s u e d a d g, d z d z e f, d e s b d g b u g d m h.

Auf Groß- und Kleinschreibung legen Sie beim Buchstabendiktat keinen Wert. Die Aufgabe ist auch so schon schwer genug. Die Original-Meldung finden Sie bei den Lösungen auf S. 105.

Glückwünsche
ein oder mehr Spieler
Zusatzmaterial: Klebstoff

Sie kennen das aus vielen Fernsehkrimis. Zunächst wird ein Opfer entführt, und schon erhält die Familie einen Brief mit einer Lösegeldforderung. Und fast immer hat der Erpresser für seinen Brief Wörter aus Zeitungen geschnitten und aufgeklebt. Übernehmen Sie diese Arbeitsweise, stellen Sie aber zur Abwechslung aber einmal einen netten Brief zusammen.

Jede Gruppe sammelt gemeinsam Wörter in Zeitungen, schneidet sie aus und klebt sie zu einem Glückwunschbrief zusammen. Dann lesen alle Gruppen ihre Ergebnisse vor. Wenn Sie möchten, können Sie Ihren Brief auch abschicken, dann sollten Sie aber Ihren Namen darunter setzen.

Liebe **tina**
Lieber **wolfgang**

ich *wünsche* eine **Märchenhafte**

Hochzeitsreise VON BLEIBENDEM WERT
UND *eine*
sehr *schöne* *Zeit*
Ich **komme** nächste
Woche Nach

IN liebe
DER WEIHNACHTSMANN

Klebewettstreit
drei oder mehr Spieler
Zusatzmaterial: Klebstoff

Jede Spielgruppe erhält die gleiche Ausgabe einer Tageszeitung. Nun einigen sich alle auf einen Liedvers, dessen Text jeder kennt. Und schon beginnt das Wettkleben.
Es gewinnt die Gruppe, die zuerst den kompletten Text vorzeigen kann. Ganze Wörter lassen sich schneller aufkleben als einzelne Buchstaben. Die sind dafür leichter zu finden.
Sie können auch ein Märchen oder eine andere Geschichte aufkleben. Wenn dabei ohne Zeitdruck gespielt wird, erzielen Sie bessere Ergebnisse.

Kleinanzeigen
drei oder mehr Spieler

Die Kleinanzeigen in den Zeitungen brachten mich auf diese Spielidee: Entwerfen Sie gemeinsam neue Anzeigentexte.
Jeder Mitspieler erhält ein Blatt Papier und notiert einen Gegenstand oder ein Lebewesen, das er in der Kleinanzeige sucht. Der Text wird nach hinten umgeklappt und reihum an den linken Nachbarn weitergegeben.
Jetzt notiert jeder die geforderten Eigenschaften oder eine kurze Beschreibung. Wieder zuklappen und verdeckt weitergeben, damit niemand den Text des Vorgängers liest. Der nächste Mitspieler schreibt auf, was mit dem gesuchten Gegenstand geschehen soll. Fertig ist unsere Kleinanzeige. Der vollständige Text wird aufgedeckt und vorgelesen:

Karl, unser entlaufener Rauhaardackel – ca. 1860, leicht wurmstichig, aber sonst gut erhalten – für gemeinsame Ferienreise nach Schweden gesucht.

Je ausführlicher Sie die gesuchten Gegenstände und Lebewesen beschreiben, desto lustiger wird die Anzeige.

ANHANG

Lösungen

Drei-Wort-Kette, S. 27
Brettspiel – Spieltisch
Gartenteich – Teichrose
Froschkönig – Königreich
Kalenderblatt – Blattpflanze
Drachenschnur – Schnurrbart

Interessante Gemeinsamkeiten, S. 34
(1) Diese Buchstaben besitzen einen rechten Winkel.
(2) Auch auf dem Kopf können diese Buchstaben gelesen werden.
(3) Diese Buchstaben können in einem Zug ohne Wiederholung geschrieben werden.
(4) Alle Buchstaben sind achsensymmetrisch, d. h. sie können an einer Achse gespiegelt werden.
(5) Hier haben alle Buchstaben eine waagerechte Linie.
(6) Es gibt auch Buchstaben ohne Symmetrieachsen oder -punkte. Hier stehen sie.
(7) Wenn die Konsonanten gesprochen werden, steht immer ein E davor.
(8) Hier gibt es Halbkreise in den Buchstaben.
(9) Nach L, N, R, das merke ja, steht nie TZ und nie CK.

Gemeinsame Bedeutungen, S. 35
(1) Dies sind die römischen Ziffern.
(2) So heißen unsere bekanntesten Maßeinheiten von A (Ar) bis W (Watt).
(3) Das sind die Namen der Stammtöne in der Musik.
(4) So lauten die kürzesten Ortsnamen der Welt. Die Orte liegen in Dänemark (A), Japan (O), Frankreich (Y) und auf den Karolinen, das sind Inseln im Pazifik (U).
(5) Dies sind die Abkürzungen für die vier Himmelsrichtungen.
(6) Mit diesen drei Buchstaben bilden wir den Namen der italienischen Hauptstadt: Rom.
(7) So heißen die beiden englischen Wörter, die aus nur einem Buchstaben bestehen: A (= ein), I (= ich).
(8) Auch bei den chemischen Elementen gibt es Abkürzungen aus einem Buchstaben. Sie stehen in der Reihe von B (Bor) bis Y (Yttrium).

Zahlenrätsel, S. 36
Buch – ABC = Oed
1295 – 876 = 419 (und andere)
Du + Ich = Wir
82 + 571 = 653 (und viele andere)
Send more money
9567 + 1085 = 10652
Vater + Mutter = Eltern
50249 + 362249 = 412498 oder 60249 + 352249 = 412498
Tempo + Tempo + Tempo = Hektik
71568 + 71568 + 71568 = 214704
Moon men can reach
9552 + 902 + 382 = 10836

Störenfried, S. 37
(1) L. Alle anderen Buchstaben besitzen Bögen.
(2) U. Die Buchstaben stehen in alphabetischer Reihenfolge, aber rückwärts. Nur das U fällt aus der Reihe.
(3) S. Jeder 5. Buchstabe gehört hierzu, S nicht.
(4) T. Mit diesen Buchstaben könnten Sie das Wort »Spielbuch« schreiben, wenn das T nicht wäre.
(5) I. Die Buchstaben sind die Anfangsbuchstaben unserer Zahlwörter von Eins bis Zehn, I stört.
(6) G. Die anderen Buchstaben können Sie auch auf dem Kopf lesen.
(7) E. Der Reihe nach enthält jeder Buchstabe einen Strich mehr als der Vorgänger. Nur W und E haben gleich viele.
(8) R. In der unteren Reihe unserer Schreibmaschinentastatur stehen diese Buchstaben. Das R finden wir aber in der oberen.
Lösungswort: lustiger

Ich kenne ein Tier, S. 38
Lotterie – Rente – Tischwein – Saal – Schmutzecken – Schmaus – Nikolaus – Litfasssaeule – Berganstiege – Keilerei – Giraffen – Betrunkene – Ku(h)nststoff – Flo(h)ßfahrten – Paraguay

Scherzfragen, S. 38/39
(1) T
(2) und
(3) jeder? mit J natürlich
(4) Heu
(5) H_2O oder Eis
(6) das

(7) A
(8) M
(9) Das Wort »falsch«
(10) die Oder
(11) O
(12) Briefträger
(13) Alphabet
(14) im Wörterbuch
(15) das M, sonst wäre es nur ein Scherz
(16) U
(17) H
(18) B
(19) eine Apfelsine
(20) vorgestern, gestern, heute, morgen, übermorgen

Wörter gesucht, S. 39/40
(1) Typ
(2) Angstschweiß
(3) Atzventzkrantz
(4) Atzventzkrantzkertzen
(5) Liliputaner, Lokomotive, Telefonitis, Tirana
(6) Afghane, Graphik, Unterstufe
(7) Kuckuck, Purpur, Papa, Mama, Momo, rororo

Suchworte, S. 43
Amsterdam, Andorra, Athen, Belgrad, Berlin, Bern, Bogota, Bonn, Brasilia, Brüssel, Budapest, Bukarest, Dublin, Helsinki, Kopenhagen, Lima, Lissabon, London, Luxemburg, Madrid, Mexico, Monaco, Moskau, Oslo, Ottawa, Panama, Paris, Prag, Quito, Reykjavik, Rom, San José, St. Johns, Stockholm, Tirana, Umtata, Vaduz, Valetta, Warschau, Wien.

KLNRMNNWSNN, S. 44
(1) Wer A sagt, muss auch B sagen.
(2) Was lange währt, wird endlich gut.
(3) Ein blindes Huhn findet auch einmal ein Korn.
(4) Es ist nicht alles Gold, was glänzt.
(5) Ende gut, alles gut.

Logische Reihe, S. 45
(1) Eisbär. Die Anfangsbuchstaben laufen nach dem Alphabet.
(2) Eistaucher. Alle Namen beginnen mit E.
(3) Giraffe. Die ersten Buchstaben des Alphabets kommen je zweimal in einem Wort vor.

(4) Drossel. Jedes Wort nimmt jeweils die beiden letzten Buchstaben des Vorwortes in umgekehrter Reihenfolge wieder auf.
(5) Uhu. Die Vokale kommen in alphabetischer Reihenfolge je zweimal vor.
(6) Hai. Die Endbuchstaben jedes Wortes laufen in alphabetischer Reihenfolge von D bis I.
(7) Motte. Der Buchstabe E steht in den Worten an 1., 2., 3. ... Stelle.

Mit fünf Buchstaben, S. 46
a)

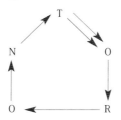

b) ganz einfach: Den Haag

Anagramm-Rätsel, S. 63
(1) Demokraten
(2) Salat
(3) Arsen
(4) Reben
(5) Klee
(6) Daniel
(7) Sonnenblumen
(8) Nadel
(9) Lehm
(10) Gesundheit

Lexikonspiel, S. 70
Gudrun hat recht, Tabun heißen die in den russischen Steppen und Feldern weidenden Pferdeherden.

Fremdsprachen, S. 72/73
Die Kuh rannte, bis sie fiel.
Aal aß er, Mus aß sie.
Kuh Klee fand, den sie aß.
Ein Veteran ist ein alter Soldat, ein Veterinär ist ein Viehdoktor.
Das Dromedar fiel um und jammerte laut.

Krimi-Chat, S. 95/96
1. In der U-Bahn lässt eine Frau ein Päckchen liegen. Ein aufmerksamer Fahrgast bemerkt dies, läuft hinter der Frau her und gibt ihr das Päckchen. Die ist nicht etwa dankbar, nein, sie will es gar nicht und sagt: »Legen Sie das Päckchen schön wieder hin. Mein Mann ist im Fundbüro und wartet auf sein Frühstück ... «
2. Eine Frau findet in ihrem Hotelzimmer keinen Schlaf, weil im Nebenzimmer jemand fürchterlich schnarcht. Sie lässt sich vom Nachtportier zu diesem verbinden. Es klingelt im Nebenraum, der Schnarcher wacht auf und greift zum Hörer ... Da kann sie getrost wieder auflegen: Er schnarcht ja nicht mehr.
3. Zwei Männer wetten miteinander um 100 Euro. Der eine behauptet, er könne in sein Auge beißen. Die Wette gilt, meint der andere. Da nimmt der erste sein Glasauge heraus und beißt hinein – gewonnen! Nun bietet er eine andere Wette an, jetzt aber für 200 Euro: Er behauptet, auch in das zweite Auge beißen zu können. Der Partner akzeptiert diese Wette im Hochgefühl des sicheren Sieges. Wer hat schon zwei Glasaugen? Da sieht er mit Schrecken, wie der andere sein Gebiss herausnimmt und damit ins zweite Auge beißt: Wieder verloren! (zur Abwechslung mal etwas makaber)

Star-Reporter, S. 98
Manchester (AP). Mit Spielgeld hat am Wochenende ein Mann bei einem britischen Flugverein ein kleines Flugzeug »gekauft« und ist damit nach Frankreich geflogen, wo er festgenommen wurde. Wie die Polizei mitteilte, übergab der Mann den Eigentümern der Maschine einen Geldgürtel mit »Banknoten«, eilte dann schnurstracks zu dem auf dem Flugfeld Barton stehenden Flugzeug, startete und entschwand den Augen der Geprellten, die zu diesem Zeitpunkt erst feststellten, dass es sich bei dem gezahlten Betrag um Geldscheine des Monopolyspiels handelte.

Buchstabenspiele

Boggle von Alan Turoff
1992, Parker Spiele
für ein bis acht Spieler ab 8 Jahren
Mit Hilfe von 16 Buchstabenwürfeln sollen Worte gebildet werden. Die Würfel sind in einer praktischen Box untergebracht, so fallen sie immer in ein 4 x 4 Raster. Buchstaben, die nebeneinander liegen, dürfen für die Worte verwendet werden. Drei Minuten Zeit hat jeder, um eine möglichst umfangreiche Wortliste zu erstellen.

Codewort
1975, Parker Spiele

Express von Reiner Knizia
2003, Adlung-Spiele
für zwei bis sechs Spieler ab 10 Jahren
Nacheinander deckt ein Spieler Buchstabenkarten auf. Sobald ein Mitspieler ein Wort nennen kann, in dem nur Buchstaben vorkommen, die auf dem Tisch liegen, darf er die entsprechenden Karten behalten.

Firlefanz von Hajo Bücken
1985, Arbeitsstelle Neues Spielen, Lüneburger Str. 10, 28203 Bremen darin: Tausch-Wort, S. 83; Ruf-Wort, S. 84; Memo-Letter, S. 84.

Hangman
2002, Milton-Bradley-Spiele
für zwei Spieler ab 8 Jahren
Das Galgenmännchen-Spiel in einer aufwändigen 3-D-Version. Ein Mitspieler versteckt die Buchstaben, der andere rät. Wer einen Buchstaben nennt, der im gesuchten Wort nicht vorkommt, muss ein Teil des Galgenmännchens umdrehen.

Plirk von Reinhold Wittig
1984, Edition Perlhuhn, Göttingen
s. S. 81. Das Originalspiel wird mit dreizehn Buchstabenwürfeln gespielt.

Sabuca von Frederick A. Herschler
1999, AbacusSpiele Verlags KG, Dreieich
für zwei bis sechs Spieler ab 10 Jahren
Die Spieler versuchen, mit ihren Karten gültige Wörter zu bilden. Dazu nehmen sie Karten auf und geben andere wieder ab. Nach ei-

ner Weile klopft ein Mitspieler, weil er alle Buchstaben in Wörtern verwenden kann. Dann mischen alle die Buchstaben ihrer Wörter und lassen die Mitspieler die Wörter erraten.

Schnapp, Land, Fluss! von Haim Shafir
2002, Amigo
für zwei bis sechs Spieler ab 8 Jahren
Es gibt Kategorien- und Buchstabenkarten. Zwölf Buchstaben liegen offen vor den Spielern. Eine Kategorienkarte wird aufgedeckt, und los geht die Wortsuche. Alle suchen möglichst schnell einen Begriff, der zur Kategorie passt und mit einem der aufgedeckten Buchstaben beginnt. Wer zuerst eine Lösung ruft und die Hand auf den passenden Buchstaben legt, erhält ihn zur Belohung.

Schummelwort
Schmidt Spiel + Freizeit GmbH (vergriffen)
s. S. 76

Scrabble von Alfred M. Butts
1984 Spear Spiele
für zwei bis vier Spieler ab 12 Jahren
Diesen Welthit ließ sich der Amerikaner Alfred M. Butts 1938 patentieren. Die Spieler ziehen Buchstaben und versuchen sie möglichst Punkte bringend auf dem Spielplan unterzubringen. Am Ende des Spiels ist auf dem Plan ein komplettes Kreuzworträtsel zu sehen.

Top Words
1995, Parker Spiele
für zwei bis vier Spieler ab 9 Jahren
Die Spieler müssen Buchstaben zu Wörtern zusammensetzen. Hier können Worte verändert werden, indem man die Buchstabenplättchen aufeinander stapelt, da wird aus »Sieb« ein »Dieb«.

Wortpoker von Dirk Hanneforth
2002, AOL-Verlag, Lichtenau
für zwei bis acht Spieler ab 10 Jahren
Die Spieler legen nacheinander blaue Vokal- oder rote Konsonanten-Karten auf den Tisch. Irgendwann wird die Kartenauswahl knapp, und man muss geschickt bluffen. Ob einem die Mitspieler glauben, dass man ein Wort kennt, in dem die Buchstaben NFGU in dieser Reihenfolge und ohne Zwischenraum vorkommen? Wir schon: »Senfgurke«.

Wortwirbel von Tom Werneck
1984, Otto Maier Verlag, Ravensburg
s. S. 82

Kommunikationsspiele

Alte und neue Erzählkunst von Karin und Reinhold Wittig
1984, Edition Perlhuhn, Göttingen
für beliebig viele Spieler ab 10 Jahren
Ein großer Spielplan mit vielen Stichworten regt zum Erzählen an. Hier geht es ganz bewusst um alte (aus Urgroßmutters Zeit) und neue (von den Autoren erdachte) Wort- und Schreibspiele.

Ein solches Ding und **Noch ein solches Ding** von Urs Hostettler
beide Spiele 1998, AbacusSpiele Verlags KG, Dreieich
für zwei bis acht Spieler ab 10 Jahren
Die Karten, die immer Eigenschaften nennen (z. B. »könnte ich selber anfertigen«, »wird auf Flohmärkten gehandelt« usw.), werden in eine Reihe gelegt. Wenn ein Spieler eine Karte ablegt, behauptet er damit, dass er ein solches Ding kennt, dass alle diese Eigenschaften besitzt. Wer keine passenden Karten besitzt, blufft oder fragt den Vorgänger nach dessen Wort.

Kombikönig von Rolf Asche (vergriffen)
Edition Perlhuhn, Göttingen
für beliebig viele Spieler
Zum Spiel gehören Buchstaben – und Wortkarten. Die Spieler decken drei Karten auf, je eine Karte zeigt einen Anfangsbuchstaben, ein Eigenschafts- und ein Hauptwort. Wer jetzt einen passenden Begriff findet, gewinnt einen Punkt. Das könnte z. B. für »K«, »grün« und »Wasser«, »Krokodil« (klar), aber auch »Kullererbse« (ist grün und wird in Wasser gekocht) oder »Karpfenteich« (mit Entengrütze) sein.

Outburst
1986, Parker Spiele.
für zwei und mehr Spieler ab 12 Jahren
Jede Gruppe hat etwa eine Minute Zeit, zu einem Oberbegriff (z. B. Deutsche Inseln, Beim Friseur, Dinge, die blau sind) möglichst viele von zehn vorgegebenen Antworten zu finden. Da reden alle schnell und laut durcheinander. Die andere Gruppe kontrolliert.

Stadtgespräch von Peter Wichmann
2004, Ravensburger Spiele, Ravensburg
für drei bis acht Spieler ab 14 Jahren
Zunächst beantwortet jeder Mitspieler eine Frage (z. B. »Wie viele Erwachsene wechseln wohl täglich ihre Unterwäsche?«). Dann schätzen alle ein, wer die Frage so ähnlich wie man selbst beantwortet hat und wer in der Runde die höchste oder niedrigste Zahl genannt hat. Für Übereinstimmungen gibt es Punkte.

Tabu
1991, Milton-Bradley-Spiele
für vier oder mehr Spieler ab 12 Jahren
Jede Spielkarte nennt einen Oberbegriff, z. B. »Elchtest« und fünf Tabu-Wörter. Ein Spieler muss seiner Spielgruppe möglichst schnell das gesuchte Wort erklären, ohne dabei eins der Tabu-Wörter (hier: Auto, Kurve, umfallen, Hirsch, Schweden) zu benutzen.

TASK von Wilhelm Kalff
1991, Arbeitsstelle Neues Spielen, Am Dobben 39, 28203 Bremen
für beliebig viele Spieler
60 Spielkarten, auf denen jeweils zwei (Strich-)Menschen in unterschiedlichen Situationen dargestellt sind: wie sie sich kennen lernen, einschätzen, Verhaltensweisen verdeutlichen, erzählen, beschreiben, Szenen entwickeln, Lebenssituationen begreifen.

Literatur

Bücken, Hajo: Abreißspiele 1985. Bremen (Arbeitsstelle für Neues Spielen) 1984 (a)

Bücken, Hajo, Dirk Hanneforth: EinSatz. 50 Kurzkrimis für Spieler. München (Heinrich Hugendubel) 1988 (b)

Davidow, Ann: Wir zeichnen Tiere. Stuttgart (Boje) 2001

Dencker, Klaus Peter (Hg.): Deutsche Unsinnspoesie. Stuttgart (Philipp Reclam jun.) 1991

Erhardt, Heinz: Das große Heinz Erhardt Buch. Oldenburg (Lappan) 2002

Falkner, Brigitta: Toprevierschreiverbot. Palindrome. Klagenfurt und Wien (Ritter) 1996

Federman, Raymond: Alles oder Nichts. Nördlingen (Greno Verlagsgesellschaft) 1986

Gardner, Martin: Rätsel und Denkspiele. Frankfurt/M., Berlin, Wien (Ullstein) 1981 (vergriffen)

Gebert, Helga: Das große Rätselbuch. Weinheim und Basel (Beltz) 1997

Gelberg, Hans-Joachim (Hg.): Geh und spiel mit dem Riesen. Erstes Jahrbuch der Kinderliteratur. Weinheim und Basel (Beltz) 1999

Glonnegger, Erwin: Das Spiele-Buch. Brett- und Legespiele aus aller Welt. Herkunft, Regeln und Geschichte. Uehlfeld (Drei Magier) 1999

Jandl, Ernst: Laut und Luise. München (Luchterhand Literaturverlag) 2002

Kersten, Detlef: ABC-Zoo. Ravensburg (Ravensburger Buchverlag) 1998

Krüss, James: Der Leuchtturm auf den Hummerklippen. Hamburg (Carlsen Verlag) 1999

Krüss, James: In Tante Julies Haus. Ravensburg (Ravensburger Buchverlag) 1989 (b)

Krüss, James: Sturm um Tante Julies Haus. Ravensburg (Ravensburger Buchverlag) 1990 (c)

Krüss, James: Mein Urgroßvater und ich. Hamburg (Oetinger) 1998 (d)

Maar, Paul: Onkel Florians fliegender Flohmarkt. Hamburg (Oetinger) 1977

Manz, Hans: Worte kann man drehen. Weinheim und Basel (Beltz) 1985

Massin: Buchstabenbilder und Bildalphabete. Ravensburg (Ravensburger Buchverlag) 1970

Read, Ronald C.: Tangram. 330 Varianten des altchinesischen Lege-Spiels. München (Heyne) 1987

Sackson, Sid: Denkspielen mit Wörtern. München (Heinrich Hugendubel) 1983

Spohn, Jürgen: Der große Spielbaum. München (C. Bertelsmann) 1979

Weis, Hans: Deutsche Sprachspielereien. München und Berlin (R. Oldenbourg) 1942 (vergriffen)

Register

4U Kürzel 94
ABC-Bingo 80
ABC-Brille 80
ABC-Erzählungen 57
ABC-Geschichte 97
ABC-Kreis 85
ABC-Lexikon 51
ABC-Liste 15
ABC-Rallye 87
ABC-Sätze 9
ABC-Worte 60
Alphabet-Bilder 55
Anagramme 62
Anagramm-Rätsel 63
Anfangsvokale 12
Artikel-Jagd 72
Assoziationen 50

Besondere Dialoge 91
Bloß nicht Schluss machen 93
Buchstaben-Scharade 33
Buchstabenspiele selber erfinden 88
Buchstaben-Stafette 86
Buchstabensuche 23

Chatkette 92
Chatten mit Hindernissen 92
Chinesisch 71

Der Aküfi 16
Der Kaiser von China 13
Der längste Satz 11
Dichterrunde 97
Doppelgänger 78
Drei-Wort-Kette 27

Ein Dromedar mit ... 33
Einzelgänger 77
Erbsenkönig 25
Erkläre die Abkürzung! 16
Erzählrunde 29
Es kommt ein Schiff geladen 24

Familiengründung 18
Foto-Rallye 87
Fremdsprachen 72

Gefüllte Kalbsbrust 69
Gemeinsame Bedeutungen 35
Glückwünsche 99
Guten Tag, Frau ...? Guten Tag, Herr...? 40

Heimliche Persönlichkeiten 28

Ich heiße ... 90
Ich kenne ein Tier 38
Interessante Gemeinsamkeiten 34

Klebewettstreit 100
Kleinanzeigen 100
KLNRMNNWSNN 44
Kreuzworträtsel 65
Krimi-Chat 95

Langeweile 52
Läusejagd 68
Lexikonspiel 70
Logische Reihe 45

Mach mal mit, mal mal mit 53
Meine Katze ist kuschelig 24
Memo-Letter 84
Mit fünf Buchstaben 46

Namen erklären 17
Namen-Anagramm 64
Nomen est omen 74

Ober! – Esel! 58

Palindrome 60
Palindrom-Sätze 61
Papa plätschert lustig in der Badewanne 74
Pfadfinder 67
Plirk 81
Pro & Contra 25
Prominente 18

Raster-Rätsel 66
Reim dich! 30

Reimparade 30
Ruf-Wort 84

Satzbaustelle 29
Sätze bilden 79
Scherzfragen 38
Schummeln verboten 76
Schüttelreime 31
Souvenirs, Souvenirs 24
Stadt, Land, Fluss ... 47
Stadt, Land, Fluss – mal anders 48
Stadt, Land, Fluss – total 50
Star-Reporter 98
Störenfried 37
Suchworte 43

Tante Ida mag die Ehe nicht 14
Tastaturbilder 56
Tausch-Wort 83

Unser Onkel Otto 14

Vokalreihe 22
Vokalsätze 22
Vokalsuche 20

Was ist ein Spung? 20
Weltreise 25
Worte mit Vorsilbe 71
Wörter gesucht 39
Wörter versenken 42
Wortkette 26
Wortlänge 49
Wortpaare 40
Wortreihe 93
Wortschöpfung 78
Wortschöpfung mit Vorgabe 78
Wortschöpfung total 79
Wortverdrehungen reihum 60
Wortversteck 40
Wortwirbel 82

X-Weise 85

Zahlenrätsel 35

111

Bibliografische Information Der Deutschen Bibliothek
Die Deutsche Bibliothek verzeichnet diese Publikation in der
Deutschen Nationalbibliografie; detaillierte bibliografische Daten
sind im Internet über http://dnb.ddb.de abrufbar.

Das Werk einschließlich aller seiner Teile ist urheberrechtlich geschützt. Jede Verwertung außerhalb des Urhebergesetzes ist ohne Zustimmung des Verlages unzulässig und strafbar. Das gilt insbesondere für Vervielfältigungen, Übersetzungen, Mikroverfilmungen und die Einspeicherung in elektronischen Systemen.

Es ist deshalb nicht gestattet, Abbildungen dieses Buches zu scannen, in PCs oder auf CDs zu speichern oder in PCs/Computern zu verändern oder einzeln und zusammen mit anderen Bildvorlagen zu manipulieren, es sei denn mit schriftlicher Genehmigung des Verlages.

Die im Buch veröffentlichten Ratschläge wurden von Verfasser und Verlag sorgfältig erarbeitet und geprüft. Eine Garantie kann dennoch nicht übernommen werden. Ebenso ist die Haftung des Verfassers bzw. des Verlages und seiner Beauftragten für Personen-, Sach- und Vermögensschäden ausgeschlossen.

Jede gewerbliche Nutzung der Arbeiten und Entwürfe ist nur mit Genehmigung von Verfasser und Verlag gestattet.

In einigen Fällen war es nicht möglich, für den Abdruck der Texte die Rechteinhaber zu ermitteln. Honoraransprüche der Autoren, Verlage und ihrer Rechtsnachfolger bleiben gewahrt.

© 2004 Knaur Ratgeber Verlage

Ein Unternehmen der Droemerschen Verlagsanstalt Th. Knaur
Nachf. GmbH & Co. KG, München

Umschlagkonzeption: ZERO Werbeagentur, München
Umschlaglayout und -herstellung: Daniela Meyer
Umschlagfoto: Zefa/image 100

Illustrationen: Till Winkler, Augsburg
Lektorat: redaktionsbüro drajabs, Berlin
Satz und Layout: Diamond Graphics KG, Augsburg
Herstellung: Hartmut Czauderna

Druck und Bindung: Offizin Andersen Nexö, Leipzig

ISBN 3-426-64118-6
Printed in Germany

Bitte besuchen Sie uns im Internet: www.droemer-knaur.de